तीन पुरस्कृत नाटक

(पुरस्कृत नाटक-संग्रह)

प्रथम अवितोको हिन्दी नाट्य लेखन प्रतियोगिता

तीन पुरस्कृत नाटक

विनोद शाही
हरदर्शन सहगल
वी. शुभलक्ष्मी

सम्पादक
विभा रानी

वाणी प्रकाशन

वाणी प्रकाशन
4695, 21-ए, दरियागंज, नयी दिल्ली 110 002
शाखा
अशोक राजपथ, पटना 800 004
फ़ोन: +91 11 23273167 फ़ैक्स: +91 11 23275710
www.vaniprakashan.in
vaniprakashan@gmail.com

TEEN PURASKRIT NATAK
by Vinod Shahi, Hardarshan Sehgal, V. Shubhlakshmi
edited by Vibha Rani

ISBN : 81-7055-131-5
Play

प्रथम संस्करण 2002
आवृत्ति संस्करण 2015

मूल्य : ₹200

हर्ष प्रिंटर्स, दिल्ली-110 093 में मुद्रित

वाणी प्रकाशन का लोगो मक़बूल फ़िदा हुसेन की कूची से

उन रंग प्रेमियों के नाम
जिनका विश्वास है कि
रंगकर्म बदलाव का
सशक्त माध्यम है।

'अवितोको'–यानी एक बेहतर विश्व : कल के लिए

अवितोको का विश्वास है कि :

- इस ब्रह्मांड के कण-कण में जीवन और सौंदर्य है।
- आशावाद मानव जीवन में उल्लेखनीय परिवर्तन ला सकता है।
- पूरा विश्व सुंदर है और प्रत्येक सजीव व निर्जीव की अपनी एक खूबसूरती है, अपना एक मूल्य है।
- सीधी सहज बात–कोई बदसूरत नहीं है, कोई खराब नहीं है।

अपने इस विश्वास को आगे ले चल सकने के लिए अवितोको 1 मई 2001 को अपने अस्तित्व में आया और अपने अस्तित्व में आते ही इसने अपनी विचारधाराओं को सक्रिय स्वरूप देना आरंभ कर दिया। अवितोको के कार्यान्वयन की दिशाएं हैं–रंगकर्म, कला, साहित्य, संस्कृति, शिक्षण, प्रशिक्षण, महिला व बाल विकास, जन कल्याण प्रकाशन आदि।

पिछले एक वर्ष में अवितोको द्वारा इन दिशाओं में किए गए प्रयास इस प्रकार हैं :

1. जरूरतमंद लोगों को आम जरूरत की चीजें मुहय्या कराई गईं।
2. मुंबई की कचरा बीनने वाली माताओं व उनके स्कूल जानेवाले बच्चों को दीवाली की रोशनी, मिठाई आदि वितरित।
3. आर्थिक रूप से कमजोर, मगर पढ़ने के इच्छुक बच्चों को शैक्षणिक सहायता के तहत मुंबई के अलग-अलग स्कूलों में 6 बच्चों को शैक्षणिक सहायता प्रदत्त।
4. अखिल भारतीय अवितोको हिन्दी नाट्य लेखन प्रतियोगिता का आयोजन।
5. प्रतियोगिता के विजेताओं का सम्मान।
6. पुरस्कृत नाटकों का पुस्तकाकार प्रकाशन।
7. 'रचनाकार से मुलाकात' के तहत श्री पंकज बिष्ट व श्री नरेश सक्सेना से मुलाकात।

8. 'स्वयं से परिचय' : युवाओं के व्यक्तित्व विकास के लिए आयोजित दो दिवसीय कार्यशाला।
9. 'स्वयं से परिचय' : जरूरतमंद बच्चों के सर्वांगीण विकास के लिए आयोजित दो दिवसीय कार्यशाला।
10. 'नारी सशक्तीकरण' पर एक दिवसीय कार्यशाला।
11. अवितोको काउंसलिंग केंद्र के तहत ज़रूरतमंदों को उचित सलाह व उनकी काउंसलिंग।

अन्य बहुत-सी योजनाएं कार्यान्वयन की प्रतीक्षा में हैं, जिनके लिए आप सबका सहयोग आवश्यक है। अधिक जानकारी के लिए हमें लिखें : अवितोको, 504/बी, लिलाक गार्डन, चारकोप, कांदीवली (पश्चिम), मुंबई–400067,

फोन : 022 : 8694643 ई-मेल avitoko@rediffmail.com

आभार

यह दुनिया एक रंगमंच है और हर इंसान अभिनेता, जो अपने लिए निर्धारित अभिनय करता है। शेक्सपियर का यह कथन जितना बड़ा सच है, उतना ही बड़ा सच है यह मानना कि रंगकर्म या थिएटर बदलाव का एक अत्यन्त सशक्त माध्यम है। बदलाव के इस सबसे सशक्त माध्यम से जुड़ा है अवितोको– हिन्दी नाट्य लेखन प्रतियोगिता का आयोजन करके। इस आयोजन का उद्देश्य है–हिन्दी में लिखे जा रहे मौलिक नाटकों के चयन, संचयन और यथासंभव मंचन के साथ-साथ देश भर के रंगकर्मियों को हिन्दी के मौलिक नाटक उपलब्ध कराना।

इस आयोजन के लिए हमें देश भर से अठारह प्रविष्टियां मिलीं। संपूर्ण नाटक, एकांकी एवं बालोपयोगी नाटिकाओं के रूप में। अवितोको इन सभी रचनाकारों के प्रति अपना आभार व्यक्त करता है, क्योंकि अगर ये प्रविष्टियां न आतीं तो प्रतियोगिता का आयोजन व नाटकों का चयन संभव नहीं हो पाता।

इन प्रविष्टियों में से चयन व निर्णय की महती ज़िम्मेदारी निभाई मराठी रंगमंच व टीवी, सिनेमा के लेखक निर्देशक श्री भालचंद्र झा व हिन्दी रंगमंच के अभिनेता व इप्टा के सक्रिय कार्यकर्ता श्री रमेश राजहंस ने। ये दोनों आरंभ से ही अवितोको के सहचर रहे हैं और अपने अमूल्य सुझावों से संस्थान को समृद्ध करते रहे हैं। इन दोनों के प्रति आभार व्यक्त करने के लिए हमारे पास शब्द नहीं हैं।

अवितोको की इस नाट्य यात्रा के एक और साथी हैं

वाणी प्रकाशन के श्री अरुण माहेश्वरी, जिनके उत्साहजनक शब्दों और कर्मों से अवितोको इन पुरस्कृत नाटकों को पुस्तकाकार रूप में आपके सामने लाने में सफल हो सका है। इनके प्रति आभार व्यक्त करना शब्दों से खिलवाड़ करना है।

अंत में हम अवितोको परिवार के प्रत्येक सदस्य के प्रति आभार व कृतज्ञता ज्ञापित करते हैं, जिनके प्रत्यक्ष व अप्रत्यक्ष सहयोग, समर्पण व प्रतिबद्धता के बल पर अवितोको अपनी सारी गतिविधियों को अंजाम दे पा रहा है।

मुंबई, 3 जून, 2002

विभा रानी
सचिव, अवितोको

अनुक्रम

तीन पुरस्कृत नाटक

(प्रथम अवितोको हिन्दी नाट्य लेखन प्रतियोगिता)

पंचम वेद

(प्रेरणा पुरस्कार से सम्मानित)

⌘

विनोद शाही

दृश्य : एक

(पर्दा खुलने पर मंच पर अंधकार है। अंधेरे में वेद मंत्रों का सस्वर समवेत पाठ सुनाई देता है)

ऋषियों का समवेत स्वर : ओउम् यू। ओउम् भुवः। ओउम् स्वः। ओउम् महः। ओउम् जनः।

(धीरे-धीरे भगवा प्रकाशवृत्त मंच के दाईं ओर रखे चार सीढ़ियों वाले पैनल पर पड़ता है। प्रत्येक सीढ़ी पर एक-एक ऋषि आंखें मूंदे बैठा है। प्रत्येक सीढ़ी पर ऊपर के क्रम से ऋग्वेद, यजुर्वेद, अथर्ववेद व सामवेद लिखा है। सस्वर पाठ जारी है।)

ऋषि समवेत : ओउम् तपः। ओउम् सत्यम्।
ओउम् हिरण्यमयेन पात्रेण सत्यस्यापिहितम् मुखम्

(प्रकाश मंच के मध्य भाग को आलोकित करता है। वहां एक बड़ा सा स्वर्ण भांड पड़ा है, जिस पर नीचे लिखा है—हिरण्यपात्र। यह सुनहरा बर्तन इतना बड़ा है कि इसमें एक आदमी बैठ सके।)

ऋषि समवेत : ओउम् सुनहले हिरण्यपात्र ने
ढका हुआ है, चेहरा सत्य का

(चार पात्र मैले-कुचैले वस्त्र पहने हिरण्यपात्र की परिक्रमा करके ऋषियों के सामने से गुजरते हुए क्रम से एक-एक आंख, कान, नाक और मुंह बन्द कर लेते हैं। तभी हिरण्यपात्र के भीतर बैठे पात्र की जोरदार हंसी सुनाई देती है। मैले-कुचैले

वस्त्रधारी हंसी सुनकर ठिठक जाते हैं। उनके हाथ उनकी आंखों, कान, नाक और मुंह पर से हट जाते हैं। ऋषियों का मंत्रपाठ अचानक रुक जाता है और वे अपने कानों को हाथों से ढक लेते हैं। पात्र के भीतर से लगातार जोर-जोर से हंसता मुनिनुमा पात्र धीरे-धीरे अपना सिर बाहर उठाता है। उसके सिर पर एक किताब रखी है, जिसे वह संभालकर दोनों हाथों में पकड़ लेता है। उस पर मोटे-मोटे अक्षरों में पंचम वेद लिखा है। एक ऋषि इसे देखकर आंखों पर, एक नाक पर, एक मुंह पर हाथ रख लेता है। एक ऋषि पहले की तरह कान बंद किये रहता है।

मैले-कुचैले वस्त्रों वाले पात्र खुश होकर उस भांड के आसपास नृत्य करते परिक्रमा करते हैं। ऋषिजन और गंभीर दिखाई देते हुए सीढ़ियों से उतरकर खिन्न भाव से एक ओर चले जाते हैं। मैले-कुचैले वस्त्रवाला एक पात्र भागकर एक लम्बा सा डंडा ले आता है और हिरण्यपात्र को जोर से मारता है। 'टन् टन्' की ध्वनि गूंजती है। हिरण्यपात्र के भीतर खड़ा पात्र और जोर से हंसता है।)

(एक-दो पल के व्यवस्थित संगीत के उपरांत पृष्ठभूमि से अनेक भांडों के टन-टन की सामूहिक ध्वनियाँ उभरती हैं। अनेक पात्र एक-एक करके अपने हाथों में अनेक बर्तन उठाए उन्हें पीटते हुए प्रवेश करते हैं।)

ध्वनियां : टन् टन् टन् टन् (आगे के संवादों में सभी पात्र व्यवस्थित रूप में एक साथ टन् टन् ध्वनि करते हैं।)

समवेत स्वर : आदि भांड की जय **(टन्)** आदि भांड की जय **(टन्)** लम्बी टेक के साथ ओ...हो...हो...हो...हो **(टन्)** हो हो, हा हा हा **(टन् टन् टन् टन् टन्)** हा हा! हो हो हो **(टन् टन् टन् टन् टन्)** हो हो, हू हू हू **(टन् टन् टन् टन् टन्)**

(ये ध्वनियां निकालते हुए ये सभी भांडेवाले पात्र का अनुसरण कर धीरे-धीरे आरंभ करके जोर-जोर से हंसने लगते हैं। ऐसा लगता है, जैसे वे हंसते-हंसते बेहाल हो रहे हों। फिर टन् की एक जोरदार ध्वनि के साथ वे सब गंभीर हो कर चुप हो जाते हैं। क्षण भर के मौन के बीच से ही अचानक एक लड़की की अजीब सी हंसी उभरती है, जो न हंसी है, न रोना है)

लड़की : **(हंसती हुई)** हा हा हा, हा हा **(हंसी रुलाई मिश्रित)** हा, हा **(रोना नुमाया)** आह आ आ...आ... **(दोनों स्वर जैसे किसी भीतरी भय से चीख में बदलते हैं)** आ... **(टन् की ध्वनि। मौन।)**

भांड एक : अपना ये बेसुरा गाना बजाना बंद कर सुरसती की औलाद! बस चुप्प् मरजाणिये। **(लड़की का हंसना-रोना पुनः शुरू)** अरे बंद करो कोई छोरी की फटी बांसरी, **(हंसी का बंद होना)** कैसी मनहूस है! **(हंसी रोने का फिर छिड़ना)** चुप्प् भूतनी की... थोबड़े को पीट-पीट के भरतों का ढोल बना दूंगा। **(आगे बढ़ता है, जैसे उसे मारना चाहता हो)**

स्त्री भांड : देख, हाथ मत उठा... करफू लगाएगा क्या अपनी छोरी के मुंह में ? **(रुआंसा स्वर)** ले लगा के तो देख। बड़ा आया डिपटी कमीसनर **(लड़की का हंसना-रोना शुरू। स्त्री द्वारा उसके मुंह पर हाथ रख के आवाज दबाने की कोशिश की जाती है। स्त्री की रोती आवाज)**
और रो ले, रो ले मेरी छोरी...करमजली...मेरे पेट का दरद ले के जनमी है...देख, यहां, यहां मारी थी लात कलमुंहे ने। अभी तक जलन होती है। इसी दरद ने गूंगा कर दिया इसको कोख में ही...अब किसी को इसका हंसना-रोना भी बर्दाश्त नहीं होता। **(लड़की का खुल कर हंसना-रोना)** रो ले, रो ले बच्ची, जोर से रो ले। **(ढन् की जोरदार ध्वनि। पुनः मौन)**

भांड एक : बस कर मेरी सुहागन रांड, पूजा तो खतम कर लेने दे पहले। **(ढन् ढन् ढन् ढन्)** आओ, सब मिलकर आदि भांड को

परनाम करें। **(ढन्)**

समवेत स्वर : साखियात दंडोत परनाम आदि भांडो होमी नोमी हा हा हू हो हू हाय-हो **(ढन्, लड़की का हंसना-रोना)** हू हाय हो **(ढन्, हंसना-रोना और फिर लड़की की चीख का पूरे माहौल पर हावी होना। प्रकाश वृत्त सिमट कर लड़की पर केंद्रित। शेष मंच पर अंधेरा। समवेत स्वर पृष्ठभूमि में। चीख प्रस्तुत। यह चीख भी एक-दो क्षण में मद्धम पड़ जाती है। लड़की शांत होकर अपने आप में सिमट जाती है। माहौल में दिल की धड़कन का मैग्नीफाइड स्वर तथा दिमाग में बजने वाली सां सां की ध्वनि का जारी हो जाना।)**

लड़की : **(दिल व दिमाग की ध्वनियों के बीच स्वगत)** मैं गूंगी हूं, बहरी नहीं। गूंगी भी कहां हूं? हंस सकती हूं, चीख सकती हूं, ये मेरे मां-बाप... ये, तोते की आवाज समझते हैं, बिल्ली की, कुत्ते की आवाज का मतलब समझते हैं। फिर मेरी जुबान क्यों नहीं समझ पाते? क्यों नहीं?...बहुत बोलते हैं ये, इनका बोलना एकदम बेकार की चीज है। बोलते रहते हैं, इसलिए समझते नहीं कुछ... कुछ याद भी नहीं रहता इन्हें। इन्हें क्या पता, गूंगे कितना कुछ याद रखते हैं, कितना कुछ...और मुझे तो तब की भी याद है, जब मैं पैदा भी नहीं हुई थी। माँ के पेट में तैरती थी मछली की तरह। यूं इधर-उधर **(तैरने का अभिनय)** छप् छप्। इधर-उधर... कहते हैं तब बदमाशों ने हमें पिछली बस्ती से उजाड़ दिया था। तब किसी चोट की वजह से चीखी थी। **(प्रकाश धीरे-धीरे पूरे मंच पर फैल जाता है। नेपथ्य से किसी गाड़ी के आकर रुकने, हॉर्न बजाने का स्वर उभर आता है। गाड़ी का दरवाजा खुलने का स्वर तथा भांडों की हंसी जैसी और आवाजें। त्रिवेदी व चतुर्वेदी का आपस में बातें करते हुए मंच के एक भाग में प्रवेश।)**

त्रिवेदी : **(ऊँची बुलन्द आवाज)** चतुर्वेदी। क्या कर रहे हैं ये लोग? हमें अच्छा लगा।

(सीढ़ीनुमा रौस्ट्रम पर ऊपरवाली सीढ़ी पर चढ़कर

खड़ा हो जाता है।)

चतुर्वेदी : ये लोग भांड हैं सर! पता नहीं क्या अजीबोगरीब हरकतें करते रहते हैं। हमेशा...क्यों भई, क्या चल रहा है ये सब?

(एक पात्र को इशारा करके नजदीक बुलाना और खुद आखिरी नीचे वाली सीढ़ी पर खड़ा हो जाना)

भांड एक : हम लोग पूजा कर रहे थे हजूर!

चतुर्वेदी : पूजा? बड़ी अजीब सी पूजा है।

भांड एक : हजूर! हमारे आदि भांड इस भांडे में रहते हैं। मरते बखत यही कहा था उन्होंने। तब से पता नहीं सैकड़ों सालों से...

भांड दो : सैकड़े नहीं, हजारों बोल हज्जारों।

भांड एक : हां माई-बाप, हज्जारों सालों से ऐसेई कर रहे हैं...आप कौण सरकार?

चतुर्वेदी : मैं भी एक कलाकार हूं छोटा-मोटा... तुम लोगों की तरह।

त्रिवेदी : छोटा-मोटा नहीं, एक महान कलाकार...यूं कहो, इनकी प्रतिभा ने मुझे खरीद लिया।

(उनका हाथ पकड़कर ऊपर खींचता है। चतुर्वेदी एक सीढ़ी ऊपर चढ़ जाता है।)

चतुर्वेदी : क्यों शर्मिंदा करते हैं मंत्री जी। आप जैसा पारखी ही मुझे अपने प्राइवेट सेक्रेट्री के तौर पर बुला सकता था...और हां, मंत्री जी ने इस इलाके के विकास के लिए भी बहुत सी योजनाएं बना रखी हैं। अब यहां, इस प्लॉट पर, जहां तुम लोग रहते हो, एक बड़ा सा लोक कला भवन बनेगा... सर्वे करने आए थे हम तो।

(एक सीढ़ी और ऊपर चढ़कर इधर-उधर सर्वे करने की नीयत से देखता है। त्रिवेदी भी जगह का जायजा लेता है। परन्तु यह सुनते ही भांडों की बस्ती में हलचल मच जाती है। चिंता युक्त स्वर में हल्की कानाफूसियां होने लगती हैं। सभी भांड मध्य भाग में जमा हो जाते हैं। त्रिवेदी, चतुर्वेदी उन्हें वहां से यूं देखते हैं, जैसे वे उनसे बहुत ऊंचाई पर हों।)

चतुर्वेदी : **(बात बदलते हुए। स्वर ऊंचा करके)** ये लोग भी लोक कलाकार होते हैं ना सर! **(इशारों में कुछ समझाने की कोशिश)**

त्रिवेदी : हां, हां, खूब सुझाया। हम इन भांडों को एकदम खुश कर देंगे। वो फ़िलिस्तीनी मुक्ति दिवस वाले कल्चरल फंक्शन में इनका एक आइटम रखवा दो... **(ऊंची आवाज में)** दो-चार हजार रुपये तक की पेमेंट भी करवा देना।

चतुर्वेदी : **(दबी आवाज में)** जी सर! पर वहां दूसरे बड़े कलाकार... आई मीन, कोई एतराज तो नहीं करेगा?

(कानाफूसी हल्के शोर में बदल रही है, 'पर हमारी जमीन। हम कहां जाएंगे। फिर उजड़ना पड़ेगा' की ध्वनियां नुमाया होती हैं। त्रिवेदी इशारा करता है। चतुर्वेदी एकदम से सीढ़ियां उतर कर नीचे आ जाता है। त्रिवेदी और भांडों के दरम्यान खड़ा होकर जैसे समझौते की कोई सूरत निकालना चाहता है।)

त्रिवेदी : ये लोग भी छोटे-मोटे कलाकार नहीं। इनकी तो पूजा देख कर ही मजा आ गया...क्यों भई, सुनते हो भई, अरे भइया सुनोगे मुझे? फिर करोगे ना वो आइटम उस दिन? पूरे पांच हजार दिलवा दूंगा आप लोगों को।

(शोर थोड़ा दबता है। एक भांड हिम्मत करके त्रिवेदी के पास आता है। चतुर्वेदी बीच में अपनी दखल बनाए रखने के लिए पहली सीढ़ी पर चढ़ जाता है।)

भांड एक : देखिए हजूर, तमाशा तो जनाब, हम मुफ्त में भी दिखा सके हैं...सरकार मालिक है, सब जमीन सरकार की, पर हमारा भी तो कुछ सोचिए हजूर।

त्रिवेदी : भई देखो, तुम लोग सलाह कर लो। हम कुछ भी ऐसा नहीं करेंगे, जिसमें आपका और इस देश का जरा सा भी नुकसान हो.. आइटम के बारे में बता देना, हम यहीं हैं। यहां घूम-घूमकर सर्वे कर रहे हैं।

(सीढ़ियों से उतरकर दोनों का इधर-उधर घूमने

लगना। भांडों का पुनः मध्य में इकट्ठे हो जाना... सलाह के स्वरों का हल्के शोर में फिर बदलना।)

एक : हम क्यों मानें? **(गर्व की मुद्रा में स्थिर होना)**

दूसरा : हम क्यों मानें। **(गुस्से की भंगिमा में स्थिर होना)**

एक भांड : हम नहीं मानेंगे। **(निषिद्धपूर्ण भंगिमा)**

दो : पांच हजार में सौदा पटा रहा है, हरामी। **(वितृष्णा का भाव)**

स्त्री : धीरे बोल, जमीन कौन सी अपनी है। **(पेट पर हाथ फिराती है, जैसे कल की पड़ी लात का दर्द अभी तक हो रहा हो।)**

एक : तो चलें फिर? बांध बोरिया बिसतरा अपना।

स्त्री : मैंने ये कहां कहा?

दो : हमारी फरियाद कोई नहीं सुनेगा क्या? **(दोबारा सीढ़ियां चढ़ते हुए त्रिवेदी चतुर्वेदी की ओर देखता है।)**

एक : अरे तू तो भोली बात करता है, कोई नहीं सुनेगा हमारी फरियाद।

(भांडों को अपनी ओर ताकता देख त्रिवेदी-चतुर्वेदी मुंह फिराकर पीछे की ओर देखने लगते हैं। भांड बेबस हुए से परेशान मुद्रा में एक-दूसरे के साथ सिर जोड़ कर गोल दायरे में पैरों के बल पर उकड़ूँ हुए से बैठ जाते हैं। समझ में न आने वाला उनका धीमा सलाह-मशविरा चलता रहता है। त्रिवेदी-चतुर्वेदी पुनः मुंह घुमाकर, उन्हें देखकर मुस्कुराते हैं।)

त्रिवेदी : देखो, कला भवन हमारी इज्जत का सवाल बन गया है। कल सचिव के साथ मीटिंग में हमने उससे पूछा था...

(हवा में देखने लगता है। प्रकाशवृत्त त्रिवेदी को आलोकित करता है। बाकी मंच पर अंधेरा घिर जाता है। चतुर्वेदी की जगह फाइलें उठाए सचिव आ जाता है)

(फ्लैश बैक)

(मंच का आधा हिस्सा ही आलोकित होता है)

त्रिवेदी : पर इसमें हमारा क्या फायदा होगा?

सचिव : हमारा, यानी... मैं समझा नहीं सर!

त्रिवेदी : मतलब, इस देश का फायदा। और क्या?

सचिव : अब भी नहीं समझा सर!

त्रिवेदी : कुछ तो समझा करो... क्या फंक्शन वंक्शन लगा रखा है? फिलिस्तीनी दिवस मनाओगे? कोई ठोस काम करो, ठोस।

सचिव : एक ठोस काम कर सकते हैं सर।

त्रिवेदी : क्या?

सचिव : लोक कला भवन बनवाइए। स्कीम कब से फाइलों में बंद पड़ी है। जगह भी है सर! पर वहां, सुना है, कुछ लोक कलाकार अनऑथराइज्ड रूप से झोपड़पट्टी बना कर बैठ गये हैं।

त्रिवेदी : वो सब तुम मुझ पर छोड़ दो... असल बात करो। बजट, बजट क्या होगा?

सचिव : बहुत है सर। कल्चरल रिसर्च के लिए वर्ल्ड बैंक से खासी बड़ी ग्रांट आई हुई है। उसे और कहां खपाएंगे?

त्रिवेदी : हूं, तुम फाइल भेजो मेरे पास। **(स्टिल हो जाता है। प्रकाश एक बार दो पल के लिए अंधेरे में बदल कर पुनः पूरे मंच को आलोकित करता है।)**

(फ्लैश बैक समाप्त)

(अब मंच पर पुनः सचिव की जगह चतुर्वेदी आ जाता है।)

त्रिवेदी : कुछ समझे, चतुर्वेदी? कला भवन तो बहाना है। करोड़ों का बजट है। पन्द्रह परसेंट कहीं नहीं गया। कला भवन होगा फर्स्ट फ्लोर पर, नीचे यहां से वहां तक **(दूर हाथ से इशारा करता हुआ)** शॉपिंग कांप्लेक्स। कला वस्तुओं की खरीद-फरोख्त का बहाना, अलॉटमेण्ट पर पगड़ी। अब तो ये जगह शहर की काफी बिजी जगहों में से एक है... देखो, इन लोगों को प्यार से राजी कर लो, यहां से जाने के लिए। नहीं तो किसी दंगे वंगे के बहाने से सफाया तो कर ही लेंगे। पर अभी उतनी दूर तक जाना नहीं चाहूंगा...चलो, चल कर भांडों को और टटोल कर देखें।

(सिर से सिर जोड़े बैठे भांडों के दायरे के आसपास चक्कर लगाते हैं। भांड उनकी तरफ ध्यान नहीं देते। उनका शोर पूर्ववत बरकरार है, जो अब मुखर हो जाने से सुनाई देता है।)

भांड एक : चुप भी कर मरजाणिये, हम कर तो रहे हैं बात।

स्त्री : तू बातें कर, मैं स्यापा करती हूं इनका **(छाती पर हाथ मार कर)** ले लो, ये जगह भी ले लो। सबकी निगाह वहीं पड़ती है, जहां हम रैते हैं।

(चक्कर लगाते त्रिवेदी चतुर्वेदी कुछ दूर चले जाते हैं। स्यापे को अनसुना करके, उसकी उपेक्षा सा करने का अभिनय करते हैं। भांड एक उसे डांटता हुआ उठकर उनकी ओर आता है।)

भांड एक : बंद कर अपना रोना-धोना...जनाब फरियाद है हमारी। आपके पास तो सारे शहर की जमीनें हैं। भवन ही बनाना है। कहीं भी बना लेवें हजूर।

चतुर्वेदी : हमें गलत मत समझो। लोक कला भवन बनेगा तो आप जैसे लोक कलाकारों की बेहतरी के लिए ही।

त्रिवेदी : सुनो भई, सुनो तुम लोग। हम लोग आराम से बैठ कर बातें करते हैं। ऐ लड़के, इधर आ। सुन, ये ले **(लड़का हिचकिचाता है)** सौ रुपए ही हैं, कुछ ज्यादा नहीं। कुछ पीने पिलाने का इंतजाम कर जरा...

(भांड एक लड़के को रोकता है।)

भांड एक : इसकी जरूरत नहीं हजूर... आप बैठिए, ला भई, खाट ला इधर **(खाट का घिसटना)** बैठिए, बैठिए... छोटी! जा अंदर से पानी वानी लाकर पिला सरकार को।

(लड़की उपेक्षा सी जताती मंच के एक ओर चली जाती है)

त्रिवेदी : **(हंस कर)** यहां सब पानी वानी ही पीते हैं, क्या?

भांड दो : नहीं हजूर, कभी-कभी... मिल जाए तो...

त्रिवेदी : तो पकड़ो नोट। मुझसे शिकायत है तो इस नोट पर गुस्सा क्यों निकालते हो। पकड़ो। पकड़ो जरूर कोई हल निकालेंगे हम तुम्हारी समस्या का भी। सुना है, लोगों को खूब हंसाते वसाते

हो। तो फिर हो जाए कुछ। हम भी देखें तुम्हारा हुनर।

भांड एक : ये तो हमारा पेशा है सरकार।

चतुर्वेदी : उस दिन फंक्शन में आइटम जरूर दो। मशहूर हो गये तो पूरे देश में जगह-जगह से बुलावे आएंगे। खूब कमाने लगोगे तो ऐसे कितने ही प्लॉट तो तुम खुद खरीद सकोगे।

(लड़की पानी का लोटा और गिलास लाती है)

भांड एक : लीजिए सरकार, पानी।

त्रिवेदी : वाह! कितना मीठा पानी है। कला भवन में पीने के लिए यही पानी निकलवाना ट्यूबवेल से... बड़ी सयानी लड़की है। क्या नाम है तेरा?

भांड एक : गूंगी है सरकार।

त्रिवेदी : गूंगी? किसी डॉक्टर को दिखाया?

भांड एक : जनम से गूंगी है सरकार। जब पेट में थी तो उस वक्त हमारी बस्ती थी गांधी नगर के बगल में। दंगों में बदमाशों ने हमें वहां से उजाड़ दिया। एक लात पड़ गयी इसकी मां के पेट पर। चोट का जोरदार असर है। डाक्टर कहता था, दिमाग में चोट लगी है इसके।

चतुर्वेदी : मैंने सुना है सर! ऐसे मामलों में अगर कहीं दोबारा वैसी ही चोट फिर से दिमाग पर हो जाए तो आवाज लौट आती है।

स्त्री : **(विक्षोभ को दबा न पाती हुई)** पता है, पता है, जरूर ई पड़ेगी हमारे पेट पे फिर से वैसी ई लात। **(भांड एक इशारे से उसे शांत होने को कहता है)**

त्रिवेदी : तुम फिल्में बहुत देखते हो चतुर्वेदी। **(हंसना)** भई इसे किसी स्पेशलिस्ट को दिखाने का इंतजाम करो। हो सकता है, इलाज से कुछ फरक ही पड़ जाए... क्या नाम है इसका?

भांड एक : लीला!

(त्रिवेदी उठकर उसके सिर पर हाथ फेरना चाहता है, पर लड़की डर कर पीछे हट जाती है।)

त्रिवेदी : **(प्यार से)** लीला! घबराओ मत। हमें अपना ही समझो। हां भई, तुम लोग दिखाओ ना अपना कोई तमाशा वमाशा।

(भांड एक अनमना सा उठता है। भांड दो को कुछ अबूझा सा इशारा करता है। दोनों

आंखों-आंखों में बात कर कुछ फैसला सा करते हैं।)

भांड एक : उठ भई भंडा फिर, दिखा दे इनको अपना चमत्कार।

भांड दो : अच्छा, ये ले, निकाल लिया मैंने अपना पटाखा। कौन सा सीन करें?

भांड एक : इधर आ, बताऊं।

(सब से दूर एक कोने में जाकर दोनों की ऊंची आवाज में खुसर-फुसर, एक क्षण बाद इसका मद्धम पड़ना और दोनों का एक-दूसरे के कानों में कुछ कहना। भांड दो की आंखों में शरारत की हंसी का भाव उभरना। इसके बाद भांड एक का जाकर सीढ़ी के ऊपर चढ़ जाना। भांड दो का एक सीढ़ी नीचे खड़े हो जाना।)

भांड दो : हां तो फिर तैयार।

भांड एक : तैयार। हो जा शुरू...धन्न भाग, धन्न भाग, आ गये, आ गये हमारे घरों के मालिक।

भांड दो : मालिक?

भांड एक : मंत्री और उनका चमचा

भांड दो : चमचा? **(पटाखा मारता है)** अदब से बोल।

(पटाखे की मार से भांड एक का एक सीढ़ी नीचे उतर आना)

भांड एक : ना मार ससुरी के। अच्छा बता।

(दूसरा सीढ़ी ऊपर चढ़ना)

भांड दो : पूछ।

भांड एक : पूरे हिन्दोस्तान में क्या कोई ऐसी जगह भी है, जहां से कभी किसी को उजाड़ा नहीं गया?

भांड दो : है उस्ताद।

भांड एक : है? तो जल्दी से पता बता, वहीं जा कर बस जाते हैं इस दफा।

भांड दो : वहीं तो बसे हुए हैं इस बख्त।

भांड एक : **(पटाखा)** दुर फिटे मुंह। यहीं से उजड़ने वाले हैं।

(इसके बाद हर पटाखे पर भांड का सीढ़ी से

नीचे उतरना, फिर चढ़ना जारी रहता है।)

भांड दो : इसके बाद से ये पूरी धरती उजाड़े वाली जमीन बन जाएगी। ऐसी कोई जगह नहीं बचेगी जहां से कभी कोई उजाड़ा नहीं गया।

भांड एक : (पटाखा) क्यों मंदा बोलता है।

भांड दो : वैसे ही, जैसे ऐसी कोई जमीन नहीं, जहां पहले कभी कोई भी नहीं मरा।

भांड एक : (पटाखा) जब देखो, गड़े मुर्दे उखाड़ता है ससुरी का।

भांड दो : (पटाखा) हाय, ना मार... ये बता। जो हमारी जमीन पे कोठी बनाए, महल बनाए, भवन बनाए, वो कौन हुआ?

भांड एक : डाकू और कौन?

भांड दो : (पटाखा) कुछ तो शरम कर। मंतरी जी को डाकू बोलता है? वो तो हुआ हमारा मालिक, हमारा अफसर, हमारा भगवान।

भांड एक : ओह! भगवान? आइए भगवान जी आइए। धन्न भाग हमारे।

भांड दो : धन्न भाग।

भांड एक : भूल गये थे हम, ये सारी जमीन भगवान की है। **(नेपथ्य से आती जरा सी हंसी)** हमारा क्या है? कहीं भी रह लेंगे। भगवान की जमीन पर अकेला भगवान ही रह सकता है। अच्छा भगवान! जो जमीन आपकी न हो, उसका एडरेस दे दो, हम वहां चले जाएंगे।

भांड दो : (दोहराता है) चले जाएंगे।

भांड एक : बाल बाल बच गये।

भांड दो : बच गये।

भांड एक : यहां बसे तो भूल गये, घर कितनी बुरी चीज है।

भांड दो : बुरी चीज है **(नेपथ्य से हंसी की ध्वनि)**

भांड एक : इत्ती बड़ी-बड़ी दीवारें खड़ी करनी पड़ती हैं कि कहीं गलती से घर अंदर न घुस जाएं। चांदनी चेहरे पे न पड़ जाए।

भांड दो : (पटाखा) दुर फिटे मुंह।

भांड एक : सारे दरवाजे खिड़कियां बंद कर के सोना पड़ता है कि गंदी हवा में सांस न ले सकें।

भांड दो : (पटाखा) शरम कर।

भांड एक : जेंटलमेन बन सकें।

भांड दो : **(पटाखा)** बस भी कर।

भांड एक : जाते बखत दरवज्जों पे ताले लगाने पड़ते हैं कि चोरों का मन उन्हें तोड़ने को ललचाए।

भांड दो : **(पटाखा)** बस भई चोर पीछे पड़ जाएंगे।

भांड एक : क्यों मारता है, तू भी चोर तो नहीं।

भांड दो : **(पटाखा)** तेरी तो...बड़ा आया साधू।

भांड एक : फेदे गिनाऊं घर के?

भांड दो : देखा, डर के आ गया लेन पर।

भांड एक : लेन पे आ गया तो गड्डी उलट देगी तेरी **(हल्की हंसी)** ले गिन फिर फेदे घर के।

भांड दो : गिना।

भांड एक : एक

भांड दो : एक

भांड एक : लोग घर इस खातिर बनाते हैं कि औरत मरद अंदर बस एक दूजे का थोबड़ा देख देख के ही ऊब जावें और फिर बाहर मुंह मारने को दिल करे।

भांड दो : **(पटाखे के साथ)** आ हा, हा, हा, जी खुश कर दिया।

भांड एक : फेदा नंबर दो

भांड दो : दो

भांड एक : दरवज्जे बंद कर के औरत मरद अंदर खुल के लड़ सकें और डाक्टरी मदद हर एक की बड़ी जरूरत बन जावे।

भांड दो : **(पटाखा)** सबको मरवा के छोड़ेगा?

भांड एक : फेदा नंबर तीन

भांड दो : तीन

भांड एक : घर बनाने से, सारा जमा पूंजी खरच करने का मकसद पूरा हो जाता है, लोगों का।

भांड दो : मकसद? कौन सा मकसद?

भांड एक : भांड कहलाने से बच जाते हैं बेचारे।

भांड दो : **(पटाखा)** पर सुन भांडा।

भांड एक : सुना ।

भांड दो : चाहे कितने फेदे गिना ले, मुझे नहीं चाहिए ये जमीन, ये घर।

भांड एक : पर क्यों भई?

भांड दो : मुझे इतने छोटे घरों में रेंगने की आदत नहीं।

भांड एक : माशाल्ला ।

भांड दो : मुझे चाहिए पूरी जमीन, पूरा आसमान, इससे कम में गुजारा नहीं होगा।

भांड एक : माशाल्ला। मंतरी जी से कहूं, पूरा हिन्दोस्तान तेरे नाम कर देवें।

भांड दो : ये क्या देंगे... इनसे कह, जोर जबर कर के हमें उजाड़ देवें।

भांड एक : पर क्यों भई?

भांड दो : जिससे हमारी औलाद इस गूंगी लड़की जैसी प्यारी हो के जनमे।

भांड एक : हे रब्ब जी! अब बस कर भई। हंसाते हंसाते रुलाने क्यों लग गया भांडा।

भांड दो : इनसे कहो, हमारी औरतों के पेट में कस कस के लात मारें ताकि हमारे बच्चों को पेट से ही दुख सहने की आदत हो जावे।

भांड एक : **(मौन)**

भांड दो : **(रुआंसी आवाज)** हमें फिर से उजाड़ दीजिए सरकार, जिससे हम भांड बने रह सकें। आज तक किसी भांड का घर नहीं बना। सब भांड बेघर होते हैं। हमारी रोजी रोटी चलती रहे। इसलिए जल्दी से उजाड़ दीजिए सरकार।

भांड एक : **(एक क्षण के गंभीर मौन के बाद आह सी छोड़ता हुआ लंबी टेक में)** हे रब्ब जी...

(दोनों भांड सीढ़ियों से नीचे उतरकर अपने सिर शर्म से झुकाकर, घुटनों में देकर नीचे जमीन पर बैठ जाते हैं। शेष भांड भी ऐसा ही करते हैं। यह देखकर त्रिवेदी चतुर्वेदी एक ओर जाकर आपस में फुसफुसाकर बोलते हैं।)

चतुर्वेदी : ये लोग तो... बड़े बेशर्म हैं सर! आपके सामने ही...**(बिनाहिलेडुले उसी तरह बैठे-बैठे बोलते हैं।)**

भांडों का समवेत स्वर : 'हे रब्ब जी'

त्रिवेदी : नये आए हो पोलिटिक्स में। यही डेमोक्रेसी है चतुर्वेदी। कहने

दो, जो कहते हैं। जिसके दिल का गुबार कहने से ही निकल जाए, वो फिर कुछ और करने कराने लायक नहीं रहता।

भांडों का समवेत स्वर : हे रब्ब जी!

त्रिवेदी : सुनो! लीला अच्छी लगती है। है ना! इलाज करवाने के बहाने से इसे कभी बंगले पर ले आओ।

भांडों का समवेत स्वर : हे रब्ब जी!

(त्रिवेदी का चतुर्वेदी को इशारा करके सब के बीच आ जाना)

त्रिवेदी : **(ऊंचा स्वर । तालियां बजाकर)** बहुत अच्छे, बहुत अच्छे भई। मजा आ गया। तमाशा पसंद आया। अब हम चलेंगे। मैं कल चतुर्वेदी के साथ सचिव को भेजता हूं। वो भी आपका आइटम देख लेगा। फंक्शन के लिए...आप की रिहाइश के लिए भी उसको कहूंगा, कुछ बंदोबस्त करे। नमस्कार ! भाइयो नमस्कार!

(प्रस्थान। भांडों की फुसफुसाहटें फिर शोर बनती हैं। नेपथ्य में एक कार का स्टार्ट होकर चल देना। भांडों का एक बार फिर समवेत रूप में 'हे रब्ब जी' कहकर निराशा से भरकर जमीन पर सिर लगाकर धीरे-धीरे जमीन पर उल्टे लेट जाना। मंच पर एक-दो पल का अंधेरा। पुन: प्रकाश। एक-दूसरे से सिर जोड़कर गोल दायरे में बैठे भांडों का चिंतापूर्ण स्वर फुसफुसाहट की तरह सुनाई देता रहता है। सीढ़ियों पर इस समय चतुर्वेदी सबसे ऊपर खड़ा है और सचिव दूसरी सीढ़ी पर खड़ा उससे बतिया रहा है।)

सचिव : चतुर्वेदी जी! फंक्शन में ये लोग आइटम तभी देंगे, जब पहले हम इनकी रिहाइश का प्रबंध कर दें।

चतुर्वेदी : **(काट कर)** वो तो हो नहीं सकेगा। वैसे मैं भी कलाकार हूं। इस नाते हमदर्दी होती है इनसे... क्या गजब का अधिकार है इनका व्यंग्य पर, नश्तर भी यूं चलाते हैं, जैसे पान खा कर

पीक उगल रहे हों। शगल शगल में...क्यों ना ये सुझाव भी दे कर देख लिया जाए। आइए मेरे साथ। इनसे बात करते हैं।

सचिव : कौन सा सुझाव?

चतुर्वेदी : अरे आप आइए तो सही। **(निकट जाकर)** सुनो भई!

(भांड एक आपसी गुफ्तगू रोककर हाथ जोड़कर खड़ा हो जाता है।)

भांड एक : एक मिनट भई...जी हजूर।

चतुर्वेदी : अगर हम लोक कला भवन के रेसीडेंशियल हाउसिंग कांप्लेक्स में से...मेरा मतलब है, उधर जो कुछ रिहायशी फ्लैट बनेंगे, उनमें से एक-दो फ्लैट आप लोगों को दिलवा दें तो चलेगा?

सचिव : पर वो तो सिर्फ इंप्लॉइज के लिए...

चतुर्वेदी : इनका एक ऑफिशियल भांड ट्रुप परमामेंटली इंप्लॉय कर लेंगे... क्यों भई, अब तो खुश हो कि नहीं?

भांड एक : **(कुछ हिचकिचाहट)** ये तो अब जैसा सब कहेंगे मालिक।

(स्त्री भांड दो को उकसाती है। भांड दो भी खड़ा हो जाता है।)

भांड दो : हमें फ्लेटों बलेटों में रेणा कहां आवेगा। हमें तो जमीन का छोटा सा टुकड़ा ही दे दो सरकार।

सचिव : डोंट गिव देम एनी होप्स, प्लीज...सुनो भई, तुम लोग फंक्शन में आइटम दो, वहां अपनी ये मांग पब्लिक के आगे रख देना। लोग और अखबारवाले आपके हक में बोलेंगे तो जमीन भी जरूर मिल जाएगी, कहीं न कहीं। क्यों? **(मौन)** बोलो कुछ **(मौन)** आइ थिंक, द सजेशन हेज क्लिक्ड। चतुर्वेदी जी! नाउ दे विल सर्टेनली पार्टीसिपेट। आइ थिंक, नाउ यू कैन ऑफर देम सम एडवान्स।

(चतुर्वेदी इशारा समझकर जेब से नोटों की कुछ गड्डियां निकालता है और दर्शकों को दिखाता हुआ जबरन भांड एक की जेब में डाल देता है। फिर उसके कंधे पर हाथ रखकर दोस्ताना अंदाज में कुछ कहता है और फिर लीला की ओर इशारा करता है। भांड एक स्त्री के पास आकर उसे कुछ समझाता है। स्त्री सहमति में सिर हिलाती है।

चतुर्वेदी लड़की के पास जाकर प्यार से उसके सिर पर हाथ फिराता हुआ उसके सिर को अपने दोनों हाथों के साथ लगा लेता है। प्रकाश सिकुड़कर चतुर्वेदी और लड़की पर केंद्रित होता है। चतुर्वेदी लड़की को दोनों टांगों के बीच से लांघ कर एक गाड़ी की ओर चला जाता है। प्रकाश लड़की पर केंद्रित है। शेष मंच पर अंधेरा है। लड़की की दोनों टांगें खुलकर फैल सी जाती हैं, पर वह बैठी रहती है। चतुर्वेदी के पीछे त्रिवेदी और सचिव भी एक-एक करके लड़की के ऊपर से उसी तरह लांघते हैं। लड़की भयभीत और विह्वल है। पहले की तरह दिल की धड़कन और दिमाग की सां सां की मैग्नीफाइड ध्वनियां गूंजती हैं।)

लीला : जरा सी पैसे की झलक देखते ही सब अंधे हो गये। **(फैली हुई टांगों को इकट्ठा करती है)** फंक्सन में ऐटम देंगे। तैयारी के लिए चतुर्वेदी दो हजार का एडभांस दे गया था। कहने लगा, मेरा इलाज करवाएगा। बापू ने भेज दिया मुझे मां के संग, उसके बंगले पर। क्यों भेजा? क्या मां को भी कुछ समझ नहीं आया? और अब? अब कहां हूं मैं, क्यों हूं, मुझे कुछ पता नहीं। जिन्दा भी हूं या...। तब, मां बाहर बैठी रही, आराम कुर्सी पर । पंखे के नीचे जूस पीती रही। अंदर चतुर्वेदी, त्रिवेदी और सचिव... और मैं **(संगीत... एक दो पल का मौन। इस बीच लड़की आवेश को दबाने के लिए सिकुड़कर गठरी सी बन जाती है। फिर अचानक उठती है। पागलपन के साथ हवा में एक दो चक्कर खाती है। फिर दोनों बांहों को ऊपर उठाकर कुहनियों से मोड़कर सिर के ऊपर त्रिकोण सा बनाकर दोनों टांगों को आगे सीधा फैलाकर बैठ जाती है।)** आपको पता नहीं, मेरी शक्ल झोंपड़ी से कितनी मिलती-जुलती है। खपरैल जैसा सिर, नीचे की तरफ लटकती बांहें, नजरबट्टू छड़ें जैसा चेहरा, जो कभी बोलता ही नहीं। पता नहीं कैसे उस जमीन पे आ गिरी जो मेरी नहीं...बड़े लोग अपनी जमीन

पे झोंपड़ियों को बर्दाश्त नहीं कर सकते... ये लोग मुझे मार डालेंगे, मार डालेंगे एक दिन...

(मंच पर अंधकार)

दृश्य : दो

(पर्दा खुलने पर मंच पूरी तरह खाली दिखाई देता है। एक ओर पड़े डायस के अलावा सामने दीवार पर मोटे-मोटे अक्षरों में लिखा है :
फिलिस्तीनी मुक्ति दिवस :
उजड़े हुओं के पुनर्वास का उत्सव
एक-दो पल के बाद एक ओर से किसी अनाउंसर का प्रवेश। अनाउंसर आ कर डायस पर खड़ी हो जाती है।]

अनाउंसर : आज हम यहां फिलिस्तीनी मुक्ति दिवस मना रहे हैं। महायुद्धों की मार को झेलते हुए लाखों यहूदी अपने-अपने घरों से उजाड़ दिये गये और फिर कहने को भी उनके पास कोई अपनी जगह नहीं बची। लेकिन हाजरीन! मैं यकीन के साथ कह सकती हूं कि हम एक नयी दुनिया में प्रवेश करने जा रहे हैं, जल्द और जल्द। बात फिलिस्तीनियों की, बेघरों की है और मैं आपको बताना चाहती हूं कि हमारे मुल्क में भी ऐसे लोगों की कमी नहीं है। हमारे यहां भी ऐसे-ऐसे कबीले हैं, जो घरों में नहीं रहते। ऐसी-ऐसी जातियां हैं, जिन्हें हमेशा उजाड़ कर बस्तियों के बाहर रख छोड़ा जाता है। मेरी मुराद है भांडों से।

जी हां, अब आ रहे हैं ऐसे ही कुछ लोक कलाकार अपना आइटम लेकर।

जो सदा खुद उजड़े रहे, लेकिन घरों में रहते लोगों को हमेशा अपने व्यंगों से हंसाते रहे। इनकी बातों में जैसे धार ही धार

है, जो सबको काटती है। खुद इनको भी। अगर हम मानते हैं कि व्यंग्य एक आधुनिक विधा है तो मैं कहना चाहूंगी कि भांड हम आधुनिकों के बीच आधुनिकतम हैं। तो आइए देखें, भांडों का आइटम–पंचम वेद **(तालियां)**

(दोनों मुख्य भांडों का प्रवेश)

दोनों भांड : जियो...जियो...आ गए, आ गए...

(दोनों मिलकर दर्शकों की तरफ देख कर बेवजह हंसते हैं, जैसे मूर्ख हैं।)

भांड एक : भांडा! हमें क्यों बुलाया गया है यहां?

(मूर्खतापूर्ण अभिनय करता हुआ।)

भांड दो : क्यों बुलाया गया है?

(खुद ही खुद से पूछकर खुद पर हंसना)

भांड एक : हो सकता है फिलिस्तीनियों की मुक्ति ना हो रही हो हमारे बिना। **(जरा-सी हंसी)**

भांड दो : कहीं पेट में अड़ गई होगी उनके। **(हंसी)** कोई नरस दाई नई होती क्या उनके मुलक में? **(हंसी)**

भांड एक : **(पटाखे मार कर)** मूरख, मुक्ति किसी छोरी का नाम नहीं। **(जरा-सी हंसी)**

भांड दो : छोरी का नाम नहीं? **(हैरान होकर मूर्खों की तरह हंसना)**

भांड एक : नहीं, ये तो तब होवेगी, जब दुनिया भर के बेघरों को उनके घर मिल जावेंगे।

भांड दो : तब तो पेले मेरी जोरू के ई हो जावे। **(हंसी)**

भांड एक : **(पटाखा)** जब भी कुछ होने की बात होवे, तू औरत को आगे क्यों करे है। **(हल्की हंसी)** कुछ अपने भी हो जाने दे। **(हंसी)**

भांड दो : पे ले ऐलान करवा कि मैं भी फिलिस्तीनी हूं **(हल्की हंसी)**

भांड एक : तू कैसे है?

भांड दो : मैं बेघरा नई हूं?

भांड एक : है।

भांड दो : मुझे घर मिलेगा?

भांड एक : नहीं मिलेगा।

भांड दो : अगर मैं मंत्री जी से ठप्पा लगवा लूं कि मैं भी फिलिस्तीनी

हूं, तब?

भांड एक : मंत्री जी नौकर हैं तेरे? **(हल्की हंसी)**

भांड दो : नहीं, पर मुलक के सबसे बड़े ललारी जरूर हैं। **(हंसी)**

भांड एक : **(पटाखा)** मंत्री जी सुन रहे हैं।

भांड दो : वो लोगों पे अपने ठप्पे लगा-लगा के उनसे भोटों पे ठप्पे नहीं लगवाते? **(दर्शकों में से वाह-वाह मिश्रित हंसी)**

भांड एक : **(पटाखा)** चुप्प कर, नाराज हो जाएंगे।

भांड दो : तब तक बोलूंगा, जब तक मंत्री जी ठप्पा नहीं लगाते मुझ पर फिलिस्तीनी का।

(हंसी के बीच दर्शकों में बैठे मंत्री का स्वर : 'तू भी फिलिस्तीनी है, भाई' । इस टिप्पणी पर लोगों का और हंसना)

भांड दो : ले देख, अब लग गया ठप्पा, मैं बन गया फिलिस्तीनी।

भांड एक : कैसे बन गया?

भांड दो : क्यों, अब क्या हुआ?

भांड एक : मूरख! तू तो पेले से ई फिलिस्तीनी था। **(हंसी)**

भांड दो : था! कब से?

भांड एक : आदि भांड के जमाने से।

भांड दो : खोल के सुना।

भांड एक : सुन फिर, पेले ऐसे आदि भांड का राज था दुनिया पर।

(दर्शकों में से आती किसी-की हंसी)

भांड दो : दुनिया पर?

भांड एक : हम रहते थे बस्तियों में और ऋषि ब्राह्मण वगैरा हमारी तरह बस्तियों से बाहर।

भांड दो : बस्तियों से बाहर!

भांड एक : हम बोलते थे सच **(जरा सी हंसी)** इसलिए चिढ़ते थे हमसे। हमको दिया शाप और हमें दिया उजाड़।

(दर्शकों में से त्वच त्वच के साथ एकाध की व्यंग्यपूर्ण हंसी)

भांड दो : उजाड़।

भांड एक : जब हम जा बसे जंगलों में तो एक दिन आया एक ऋषि। वहां पास में बनाने लगा आशरम।

भांड दो : ठीक। समझ ले कि मैं हूं ऋषि। और ये यहां बना लिया मैंने आशरम! **(हंसी)** अब बोल भंडा, क्या बोलता है?

भांड एक : बोलना क्या है ऋषि जी, खूब तरक्की कर रहे हैं आप।

भांड दो : कैसी तरक्की ?

भांड एक : हमारे पड़ोस तक तो आ ही गये हो, एक दिन भांड भी बन जाओगे।

(हंसी)

भांड एक : ब ब ब, बेचारे। भांड बनते-बनते ऋषि बन कर रह गये। **(जोर से हंसी)**

भांड दो : पता नहीं तुझे। मैं ऋषि हूं। शाप दे दूंगा।

भांड एक : अच्छा ही है। हम से लग के शाप भी बेघर हो जाएगा। **(खूब हंसी)** नंगे का क्या घर, क्या बेघर। चोरों में खेलेगा कि चुराओ, क्या चुराते हो? **(हंसी)**

भांड दो : ऐसी बात है तो जा, शाप नहीं दूंगा। **(हल्की हंसी)**

भांड एक : ऐसा जुलम मत कर। अरे, हो जा ना मुझ पर गुस्सा! **(हंसी)** दे दे ना मुझे कोई सराप **(हल्की हंसी)**

भांड दो : परे हट अधरम, बेधरम, निधरम । **(बीच-बीच में हंसी)**

भांड एक : संसकिरित में गाली देता है? **(हंसी)** अकेला अकेला आशरम बना के बैठ गया। हमारा कुछ भी नहीं सोचा रे।

भांड एक : आशरम सिरफ चतुर्वेदी बनाते हैं।
(हंसी के दौरान दर्शकों में से कुछ का 'कहां है त्रिवेदी, चतुर्वेदी कहना') या फिर त्रिवेदी बनाते हैं **(हल्की हंसी)** जो कलयुग में मंत्री बन जाते हैं। **(तालियां और काफी लम्बी हंसी)**

भांड दो : मुझे पहचान भई। मैं भी तिरवेदी हूं **(जरा-सी हंसी)** चल, ना सही। चतुर्वेदी से तो कम नहीं। **(हल्की हंसी)**

भांड एक : अच्छा? तो चल । एक बेद मंतर ही सुना दे बस।

भांड दो : मंतर? तू पूरा बेद सुन। **(अचानक वेदपाठियों जैसा शुद्ध उच्चारण)** ओउम् हिरण्यमयेन पात्रेण सत्यस्यापिहितम् मुखम् **(एक क्षण मौन। फिर हल्की हंसी के साथ खुद ही वाह, वाह! फिर तेज हंसी।)**

भांड एक : **(स्वगत)** हैं। अधम जात का हो के सुद्ध पाठ करता है?

(प्रकट) तब मानूं, जब इसका मतलब भी बताए।

भांड दो : मतलब है–सबका चेहरा छिपा है सोने के भांडे में। हमारे आदि भांड का मंतर है ये। फिर पता है, क्या हुआ। **(तेजी से एक सांस में कई वाक्य बोलता है।)** एक दिन भांडे से निकल भागा सब, सबका नाम था भांड। भांड जन्मा। जनमी उसके बाप से ये पूरी दुनिया।

(हल्की हंसी)

भांड एक : हे, पूरी दुनिया भांड से जन्मी?

भांड दो : गलत सुना है... ठीक भी हो ये बात, तो भी दुनिया का शर्मो-लिहाज करते हुए कहना चाहिए... गलत सुना है। गलत बातों पर दुनिया को पक्का यकीन होता है।

(प्रशंसात्मक हंसी का देर तक चलना)

भांड एक : बस भी कर, ये मतलब है बेद मंतर का?

भांड दो : अभी पूरा कहां हुआ? **(जरा-सी हंसी)** पूरा किया तो पुराण बनेगा।

(अब की भांड एक ऋषि की मुद्रा बना कर बैठ जाता है।)

भांड एक : अरथ का अनरथ करता है? दूंगा तुझे वापिस उसी भांडे में घुसेड़ **(जरा-सी हंसी)** अभी सराप दूंगा तो क्या करेगा?

(अभिशाप देने की मुद्रा। क्रोधमय भंगिमा। भांड दो का खुश होकर उसे और छेड़ने, उत्तेजित करने का प्रयास)

भांड दो : देखा सच बोलने वालों का हाल? पर सच कहूंगा मैं।

(भांड एक के आसपास चक्कर काटते हुए नाचना)

सच हंसूंगा, सच रोऊंगा, सच चिल्लाऊंगा **(घुटी-घुटी हंसी)** सच कहता हूं, सच मूतूंगा, सच ही हगूंगा। **(तेज हंसी)**

भांड एक : तूने हमारे पुरुष सूक्त का ये हाल किया। अपने पांचवें वेद को अपने पास ही रख! नराधम! शाप दर शाप है मेरा, तुम भांड लोग, ऐसे ही रहोगे हमेशा बेघर, गरीब, लोगों की हंसी के मजाक के पात्र–शाप है मेरा, नहीं टलेगा।

(हाथ में जल लेकर छिड़कने का अभिनय)

भांड दो : **(खुश)** मिल गया, मिल गया, रिषी का शाप मिल गया।

(हंसी) खुल गई भांडों की किस्मत, हो गये सदा के लिए बेघर हम। **(हल्की हंसी)** पिछली बीस सदियों से बने घूमते हैं फिलिस्तीनी। बीस सदी और यूं ही घूम लेंगे तो क्या चला जाएगा हमारा? **(तालियां)**

भांड एक : **(दोबारा भांड जैसी टोन में)** हम भांडों की एक पोस्ट खाली है...**(हंसी)** कोई है यहां जो हमारा यासर अराफ़ात बनना मंजूर करे? कोई है? **(तीन बार दुहराना)**

(तालियां व हंसी)

भांड दो : कोई है यहां जो हमारा मामला यू. एन. ओ. में उठाए? **(हंसी)**

भांड एक : ये मंतरी जी कला भवन बना कर हमें उस जमीन से फिर से करने वाले हैं बेदखल, बेघर। **(हंसी का हल्के शोर में बदलना)** कोई है जो हमारी तकलीफ मंतरी जी के कान के अंदर गुंजाए?

(हॉल में अचानक इतना शोर, जैसे कोई हंगामा हो गया हो)

(हंगामे के बीच से कुछ स्पष्ट शब्दों का उभरना)

भांड एक : मंतरी जी यहीं हैं।

भांड दो : कला भवन क्यों बन रहा है?

भांड तीन : भांडों को जमीन दी जाए!

(दर्शकों के बीच से उठकर त्रिवेदी मंच पर चढ़ जाता है। दर्शक शांत हो जाते हैं)

त्रिवेदी : **(अपने आप से)** भांडों ने तो मुसीबत खड़ी कर के रख दी है। मुझे ये उम्मीद नहीं थी कि बात यहां तक बढ़ जाएगी। प्रेस तो हाथ धो कर पीछे पड़ जाएगी।

(शोर के बीच से उभरते स्वर)

एक : मंतरी जी बयान दें।

दो : भांडों का क्या नया बंदोबस्त किया गया है?

(एक ओर से अनाउंसर का प्रवेश)

अनाउंसर : शांत हो जाएं, हम लोग यहां फिलिस्तीन मुक्ति दिवस मना रहे हैं, इस समय मुख्य समस्या यह नहीं है कि... **(शोर में स्वर दब जाता है)**

त्रिवेदी : **(अपने आप से)** मुझे ही संभालना होगा।

(अनाउंसर को इशारा करके डायस के पास आ जाता है)

अनाउंसर : मंत्री जी खुद जा रहे हैं माइक पर **(थोड़ी शांति)** आइए, आइए।

त्रिवेदी : **(माइक पर)** भाइयो और बहनो, शांत हो जाइए। लोक कला भवन हम क्यों बनाना चाहते हैं? क्या किसी को बेघर करने के लिए? कभी नहीं। हम ऐसा हरगिज नहीं होने देंगे। **(तालियां)** मगर ये भी तय है कि लोक कला भवन भी बनेगा और वहीं बनेगा। **(हल्का शोर)** भई, मेरी बात सुनिए। हमें बीच का रास्ता निकालना होगा। पॉलिसी ऑफ कान्सेन्सस। **(कुछ की व्यंग्यात्मक हंसी)** वहां पास ही नये बन रहे आर्टिस्ट हाउसिंग कॉम्प्लेक्स के सामने अभी काफी खाली जमीन पड़ी है। टेंपरेरली भांड बस्ती वहीं शिफ्ट कर दी जाएगी। **(हल्की तालियां)** मगर भाइयो, ये कोई इस समस्या का न्यायपूर्ण हल नहीं। हम पूरे देश के बेघरों की समस्या के हल के लिए जल्दी ही एक आयोग बिठाएंगे..

(आयोग के नाम पर फिर शोर। 'फिर हो गया हल' जैसी आवाजें। बीच में ही उसे दबाती कुछ चमचों की आवाजें 'मंत्री जी 'जिंदाबाद'। पीछे से कुछ खास रेस्पांस नहीं। हंसी ज्यादा उभरती है। एक व्यक्ति का स्वर नुमाया होता है।)

स्वर : हम प्रेस वाले यह जानना चाहते हैं कि क्या भांडों को मंत्री जी की पेशकश मंजूर है?

(अनाउंसर पुनः माइक पर आगे आ कर)

अनाउंसर : यह मंच इन बातों के फैसले के लिए नहीं है। **(शोर)**

(त्रिवेदी अनाउंसर के कान में कुछ कहता है।)

ठीक है, मंत्री जी चाहते हैं, भांडों को एक बार अपनी पूरी बात कहने दी जाए। आओ भई।

(मंच के एक कोने में खड़े प्रसन्न भांडों को आगे आने के लिए इशारा करता है)

भांड एक : भांडा! अब दोबारा स्टेज पे आ गये हैं तो तमाशे में ही अपनी बात कहें? **(हल्की हंसी के बीच तालियां)**

भांड दो : ठीक है, चल फिर हो जा शुरू।

भांड एक : एक बात साबित हो गई भांडा।

भांड दो : क्या?

भांड एक : हमारी सरकार इसराइल से ज्यादा समझदार है। **(जरा-सी हंसी)**

भांड दो : ज्यादा समझदार?

भांड एक : हां, पेले बेघर करती है, फिर खुद ही घर देने की खातिर आयोग बिठाती है। **(हंसी की लहर)**

भांड दो : **(पटाखा)** सरकार रहमदिल लगती है।

भांड एक : हां, बड़ी रहमदिल है। अब ये रहमदिली दस-पंद्रह साल तक चलती रहेगी।

भांड दो : चलती रहेगी? वो कैसे?

भांड एक : इससे पेले आयोग का फैसला थोड़ेई आयेगा। **(हंसी)**

भांड दो : **(पटाखा)** दस-पंद्रह साल में तो हो ही जायेगा फैसला।

भांड एक : हो जायेगा। बड़ी एफीसिएंट सरकार है। **(हल्की हंसी)** इसके पास हल है फिलिस्तीनी समस्या का।

भांड दो : पूरी दुनिया के पास नहीं है। इसके पास है। बल्ले भई बल्ले **(हंसी)** क्या हल है?

भांड एक : यही कि फिलिस्तीनियों को उनका घर दे दो। **(हंसी)**

भांड दो : **(फटाक)** ससुरी का। ये कोई हल हुआ। ये तो बच्चे बच्चे को पता है।

भांड एक : तुझे तो सब पता है। अच्छा ये बता फिलिस्तीनी मरते क्यों नहीं?

भांड दो : मुझे क्या पता?

भांड एक : वे इसरायल में जन्मे हैं, वहीं मर सकते हैं।

भांड दो : फिर?

भांड एक : उनको मारना हो तो इसरायल उनको दे दो। **(कुछ की समझदार हंसी)** और भांडों को मारना हो तो उनको घर दे दो। **(हंसी)** बेचारे खुद ही मर जाएंगे।

भांड दो : **(पटाखा)** चुप, सब के आगे अपनी पोल खोल दी। पर मैं कहता हूं, घर मिल जाने से हम मरेंगे जरूर, पर उससे बड़ा फायदा भी होगा।

भांड एक : कैसे?

भांड दो : मर के हम अफसर बन जाएंगे। **(हल्की हंसी, दर्शकों की तरफ इशारा)** जैसे ये मरे मराये लोग बनते हैं। **(पुनः हंसी)** मर के हम भी कोठियों में रहेंगे। **(हंसी)** कारों में घूमेंगे। **(वैसी ही हंसी)**

भांड एक : वाह वाह, चल फिर। जल्दी से मर जाते हैं **(हल्की हंसी)** पर मैं मरा तो सीधा मंत्री हो जाऊंगा। **(हंसी। बीच में कुछ तालियां)**

भांड दो : मरने मरने की डिगरी है। जो जितना जादा मरता है, उतना ही बड़ा आदमी बनता है। **(खूब सारी तालियां। हंसी। शोर।)**
.... तो लो, ये हम मर जाते हैं।

(भांड एक का मंत्री जैसी मुद्रा, भांड दो का अनाउंसर जैसी भंगिमा बनाकर खड़ा हो जाना । इसी रूप में सभी पात्र स्टिल हो जाते हैं। पटाक्षेप)

दृश्य : तीन

(मंच के एक ओर एक पैनल खड़ा है, जिस पर कला भवन और रिहायशी कॉम्प्लेक्स का चित्र अंकित है। सामने से तिरछा रास्ता निकलता है। रास्ते के इस ओर खाली जगह है, जहां कोने में खड़े पैनल पर या संकेतात्मक सज्जा के रूप में एक झोंपड़ी सी नजर आती है। खाली जगह में पड़ी एक खाट पर लीला प्रसव पीड़ा से कराह रही है। उसे कमर के निचले भाग के आसपास खड़ी कुछ औरतों ने खड़े होकर छिपा रखा है। लीला की बीच बीच में उठती दर्द भरी चीख पूरे माहौल को गुंजाती है। आसपास इकट्ठा हुई कुछ औरतों का फुसफुसाना। प्रकाशवृत्त का लीला के चेहरे पर केंद्रित होना। हार्टबीट की ध्वनियों आदि का फिर से उभरना। इस समय लीला के आसपास की औरतें दर्शकों की ओर पीठ किये हुए हैं। लीला का चेहरा साफ दिखता है। शेष मंच पर अंधेरा हो जाता है।]

लड़की : आह! आज मैं मर जाऊंगी। अंदर झोंपड़ी में कितना अंधेरा था। जैसे कोई बड़ी सी काली चमगादड़ मेरे ऊपर झपट रही हो... और मैं अपने अंदर के अंधेरे में नीचे को झूल कर फिर उछल जाती होऊं।

(प्रकाशवृत्त फैलकर धीरे-धीरे पूरे मंच को प्रकाशित करता है)

(चीख) यहां बाहर अच्छा है, खुला है, मर भी गई तो वहां दूर आकाश में फुर्र से उड़ जाऊंगी। चिड़िया की तरह।

(हल्की दर्दभरी कराह। कला भवन वाले पैनल के सामने कुछ अफसरनुमा लोगों का अपने बच्चों को डांटते भगाते हुए प्रवेश)

उधर सामने वाली कोठियों से अफसर लोग बाहर निकल-निकल कर मुझे इस तरह क्यों घूर रहे हैं? बच्चों को डांट रहे हैं कि

उनकी नजर मुझ पर न पड़ जाए **(चीख)** कला भवन बन गया है। उसमें एक पढ़ा-लिखा भांड भी है... पढ़े-लिखे भी भांड होते हैं? आठ-नौ महीनों से यहां हैं, पर इन अफसर कलाकारों की शान हमारे यहां रहने से बिगड़ रही है। कहते हैं फिर से उजाड़ देंगे, उजाड़ देंगे। **(चीख)** पर उजड़ते वक्त मैं चीख कर सब को बताऊंगी कि मेरे इस होने वाले बच्चे का बाप कौन है? पर मैं क्यों बताऊं? मैं तो यहां खुले में आई ही इसलिए हूं कि जब बच्चा आए तो सब देख सकें उसको, पहचान सकें...। **(दर्द दबाकर)** पहचान सकें कि उसकी सकल किससे मिलती-जुलती है? ये अफसर लोग पास आकर देखते क्यों नहीं ये सब? अब तो बड़ी सरम आ रही है सबको!...पर मैं तो खुशियां मनाऊंगी, ढिंढोरा पिटवाऊंगी कि देखा, कितने बड़े आदमी के यहां बच्चा हुआ है आज।

(एक लंबी चीख। केवल पीठ से दिखाई देती आसपास खड़ी औरतों का उसकी कमर की ओर झुककर बच्चा निकालने का अभिनय करना। अफसरनुमा कुछ लोगों का नजदीक आना। हार्टबीट की ध्वनि का मद्धम पड़ना। एक स्त्री का दर्शकों की ओर घूमकर उन्हें अभी-अभी पैदा हुआ बच्चा दिखाना। शेष औरतों का लीला की देह पर चादर खींच कर एक ओर को हट जाना)

स्त्री : सुकर है, जान बच गयी। लड़का हुआ है।

(सभी औरतों का इस स्त्री के आसपास झुंड में इकट्ठा होकर बच्चे को हवा में ऊपर उठाते हुए अफसरनुमा लोगों की ओर निकट जाना। आपसी बातचीत करते हुए बीच वाली सड़क के उस ओर से बार-बार लीला की ओर इशारा करना।)

1 : ये लोग इस लड़की को अंदर क्यों नहीं ले जाते झोंपड़े में?

2 : हमारे बच्चों पर बुरा असर पड़ता है।

3 : भले लोगों की बस्ती में रहना हो तो ढंग से रहना चाहिए।

(कुछ लोगों का आवेश से भरकर सड़क के इस ओर आना। स्त्रियों का स्टिल से बाहर आकर

उन्हें कुछ कहना, बताना, खुलना व सुनाना। लोगों का डरी हुई मुद्रा में मेमने से बने सड़क के उसी ओर चले आना)

1 : लड़की कहती है, जब तक उसके बच्चे का बाप उसे खुद आ कर नहीं कहेगा, वह अंदर नहीं जाएगी।

2 : कौन है उसका बाप?

3 : ये औरतें तो इशारों से इधर का ही कहती हैं। भांडों में से नहीं है।

1 : कहती है, वो इसी बस्ती का कोई बड़ा आदमी है।

2 : वो उसके नाम की ओर इशारा करके धमकी सी भी दे रही है।

(सभी लोगों का एकदम पूरी सहमी मुद्रा में आ जाना)

3 : पता नहीं किसका नाम लेगी?

1 : किसके मुंह पे कालिख पोतेगी।

2 : ये खतरनाक है। इससे पहले कि सच्चाई सामने आए, इनका कोई इंतजाम करवाना पड़ेगा।

3 : कला भवन के डायरेक्टर चतुर्वेदी जी को बुलाएं?

(वे लोग पैनल के पीछे जाकर त्रिवेदी व चतुर्वेदी को साथ लेकर पुनः दूसरी ओर से बाहर आ जाते हैं। अब उनके इरादे ठीक नहीं लगते। कुछ के हाथों में लाठियां हैं।)

स्त्री : वो कौन लोग इकट्ठे होकर आ रहे हैं। अरे! उनमें वो दोनों भी हैं, त्रिवेदी चतुर्वेदी... उनके मुंह पे कहीं इस छोरी ने **(लीला की ओर इशारा)** इशारे से सच्चाई उगल दी तो...यहां से उजड़ने का वक्त आ गया लगता है। पर इतनी आसानी से नहीं जाएंगे इस दफा **(ऊंचा सर)** ओ भांडो, तैयार हो जाओ। पटाखे उठा लो। वे आ रहे हैं। उजड़ने से पहले उनकी कुछ इज्जत अफजाई तो कर लो।

(भांडों का पटाखे हाथ में उठाए प्रवेश। त्रिवेदी, चतुर्वेदी पीछे कला भवन के पैनल के पास खड़े रहते हैं। लाठियों वाले दो-तीन लोग भांडों की

ओर आगे बढ़ते हैं। दोनों पक्ष सड़क के दोनों ओर खड़े हो जाते हैं।)

लाठीधारी एक: देखो, बेहतरी इसी में है कि तुम लोग खुद ही शांति से इस जगह को छोड़ के चले जाओ।

भांड एक : हमरा कुसूर? माई बाप! **(हाथ जोड़ के खड़ा हो जाता है)**

लाठीधारी दो : सरेआम हमारी इज्जत नीलाम कर रहे हो और पूछते हो...

लाठीधारी तीन: **(बच्चे की ओर इशारा करके)** पता नहीं किसकी गंदगी है, हमारे सिरों पे उछाल के तमाशा देखने चले हो?

लाठीधारी एक: **(लाठी तानकर)** बोरिया-बिस्तर उठाओ अपना और छू-मंतर हो जाओ...**(धमकीपूर्ण लहजा)** वरना...

भांड दो : अगर यही फैसला करना है कि बच्चा किसका है, तो हमें मंजूर है।

लाठीधारी एक: **(उसकी टांगों पर लाठी मारता है)** हरामी कहीं का। फैसला करेगा? **(दूसरी तरफ लाठी मार कर)** बता, कैसे करेगा फैसला?

(भांड दो नीचे गिर जाता है। भांड एक हाथ जोड़कर रोकता हुआ।)

भांड एक : मुआफी दें हजूर! चाहें तो बच्चे की शकल देख के फैसला कर लेवें।

(इशारा पाकर स्त्रियां बच्चे को आगे ले आती हैं)

स्त्री एक : **(बच्चे की शक्ल देख दिखाकर)** इसकी नाक देखो, त्रिवेदी से नहीं मिलती एकदम?

भांड एक : चलो, मंत्री की तरह नाक ऊंची करके घूमेगा जिंदगी भर।

स्त्री दो : **(शक्ल देख दिखाकर उसी तरह)** माथा देखो, सचिव जी जैसा नहीं है?

(लाठीधारी असमंजस में हैं कि औरतों पे लाठी चलाएं कि नहीं। भांड एक जानबूझकर उन औरतों के पीछे-पीछे हो रहा है। लाठीधारी एक की उठी लाठी को नीचे आता देख बाकी दोनों भी थोड़ा पीछे हट जाते हैं। कराहता हुआ भांड दो इस बीच उठकर वहां चला आता है।)

भांड दो : चलो, बड़ा ऑफसर बनेगा बड़ा हो के।

स्त्री एक : **(पुनः बच्चे के चेहरे की गहरी जांच के बाद)** नई नई । ठैरो, भई ठैरो, चेहरा तो चतुर्वेदी जैसा है, तेज परताप वाला।

भांड एक : चलो, फेर तो भांडगिरी करेगा तो भी मलाई तो छक के खाएगा।

(मौका देखकर लाठीधारी एक भांड एक की टांगों पे लाठी चलाता हुआ)

लाठीधारी एक : हमारे अफसरों नेताओं को बदनाम करता है। मार डालूंगा। चलो दफा हो जाओ यहां से।

लाठीधारी दो : एक बच्चे का एक ही बाप होता है। इतने सारे कहां से आ गये? **(भांड एक पर लाठी चलाने की असफल कोशिश)**

भांड एक : **(आगे आकर)** मारो! मारो! रुक क्यों गये? **(दर्शकों की तरफ देखकर)** चलो, पिरेस वाले भी आ गये तमासा देखने। **(लाठीधारी से)** मारो जी मारो! अब कोई फिकर नई। कल के अखबारों में हमारी लहासों की फोटो तो छप ई जावेगी।

भांड दो : जिंदा फोटू नई छपा सके, कोई बात नई। मुर्दा पे छपेगी ही। मजा आ जावेगा सच, मरने में इस दफा।

भांड एक : साथ ई फैसला भी हो जावेगा कि बच्चे का बाप कौन है?

भांड दो : **(पटाखा उठाकर)** कैसे होवेगा फैसला, भंडा?

भांड एक : **(लाठीधारी को हाथ लगा के)** ये मारेगा मुझे लाठी और मैं बोलूंगा बच्चे के बापों के नाम के मंतर। अगर चोट लगी तो समझो कि वो बच्चे का बाप नई। बच गया तो समझ लेना, वही बच्चे का बाप है।

भांड दो : तो लाया मैं बच्चे को तेरे पास।

(स्त्री से पकड़ के बच्चा पास ले आता है)

भांड एक : **(बच्चे के सिर पे हाथ रख के)** ओउम्! बच्चे के बापाय सिरी चतुरवेदियाए, लाठीखानाय, आसानाय स्वाहा!

भांड दो : **(लाठीधारियों से)** लो जी, अब कोई मारो इसे लाठी।

(लाठीधारी असमंजस में हैं। पर लाठीधारी एक आगे आ जाता है।)

लाठीधारी एक : ये तुम लोगों की जिम्मेदारी है। मुझे नहीं कहना बाद में, टांग वांग टूट गयी तो, या खोपड़ी ही खुल गयी तो।

(टांग पे लाठी मारता है। भांड एक लंगड़ाता

हुआ चलता है)

भांड एक : मार डाला रे!... इसका मतलब है चतुर्वेदी बाप नहीं बच्चे का। चलो, दूसरा मंतर पढ़ता हूं **(बच्चे के सिर पर हाथ रख कर)** ओउम्! बच्चे के बापाय सिरी सचिवाय लाठीखानाय आसानाय स्वाहा! **(लाठी इस दफा बांह पर पड़ती है)** मर गया रे, मैं नहीं बचूंगा रे **(बांह के टूटने का अभिनय करता हुआ)** ये सचिव भी बच्चे का बाप नहीं। हो सकता है तिरवेदी भी न हो। ऐसे ई सक करना ठीक नई। तीसरा मंतर भी पढ़ ई लेता हूं **(बच्चे के सिर पर हाथ)** ओउम्! बच्चे के बापाय सिरी तिरवेदियाय लाठीखानाय आसानाय स्वाहा!

(लाठीधारी का निशाना बांध कर सिर पर लाठी मारने की कोशिश। भांड एक फुर्ती से उछलकर एक ओर चला जाता है)

बच गया, बच गया। मिल गया रे, बच्चे का बाप मिल गया। मंतरी का पुत्तर है ये तो।

(सारे भांडों व स्त्रियों का उत्साह से उस बच्चे को उठाकर नाचना)

सारे शहर में मिठाई बांटो रे आज, मिठाई बांटो। मंतरी के घर का चिराग रौशन हुआ है।

(सारे भांड बच्चे को बांहों में, ऊपर उठाकर गोल दायरे में घूम कर नृत्य करते हैं। लाठीधारी कुछ भी कर पाने में असमर्थ हो पैनल के पास खड़े त्रिवेदी व चतुर्वेदी के पास लौट आते हैं। त्रिवेदी उनके कानों में कुछ कहता है और चतुर्वेदी उन्हें भांडों जैसे कपड़े दे कर इशारा करता है कि वे उन्हें पहन लें। लाठीधारी पैनल के पीछे जा कर उन कपड़ों के ऊपर से ही भांडों वाले कपड़े पहन लेते हैं। फिर पैनल के पीछे से नेपथ्य में जाकर एक दो क्षण बाद ही भांडों वाली साइड से पुनः प्रवेश करते हैं। प्रवेश करते ही वे हो-हल्ला सा मचाते हुए अचानक भागते हुए पैनल की ओर

आते हैं। त्रिवेदी चतुर्वेदी भयभीत होने का अभिनय करते हुए पैनल के पीछे चले जाते हैं। लाठीधारी पैनल पर लाठियों से वार करते हैं। मंच पर उस ओर नेपथ्य से कांच बिखेर दिया जाता है। भांड समूह स्तब्ध है। वे नाचना-गाना छोड़कर हैरानी से एक-दूसरे को इशारों से पूछते हैं कि ये दंगाई कौन हैं, परन्तु सभी 'मुझे नहीं पता' की मुद्रा में हाथ हिलाते हैं।

लाठीधारी पैनल के पीछे जाकर गायब हो जाते हैं। फिर उधर से पुलिस की वर्दी में वही पात्र प्रवेश करते हैं और भांडों पर लाठी चार्ज सा करते हुए उसका कुछ सामान उठा कर सड़क पर फेंक देते हैं। भांडों को भी सड़क पर धकेल दिया जाता है।

पुलिसवालों के प्रस्थान के बाद सड़क पर आहत पड़े भांड कराहते हुए एक-एक करके उठते दिखाई देते हैं।)

भांड एक : आखिर वही हुआ, फिर उजड़ गये।

भांड दो : ये महाभारत भी हो के रहा।

स्त्री : दरोपती जैसी हमारी लीला तो दुरजोधन को पति बनाने को तैयार बैठी थी। पर महाभारत नहीं टला।

भांड एक : कौन हैं हम लोग?

भांड दो : हम हैं दुरजोधन के नजायज वारिस।

तीन : हम हैं तिरवेदियों चतुरवेदियों के पैदा किये पंचवेदी।

(कुछ भांड उसी भांडे को उठाकर मंच पर सड़क पर लाते हुए)

स्त्री : चल रे, भांडा खड़का। कुछ गाएं **(ढन् की ध्वनि भांडे पर डंडा मारने से पैदा होती है।)**

भांड एक : गाते गाते नयी जगह की तलास करें।

भांड दो : नया बसेरा, नयी बस्ती बसाएं **(ढन् ढन् ढन् ढन्)**

समूहगान : रिशियों से शाप पाकर
हम गये थे भरत मुनि के घर **(ढन्)**

अपने पंचम वेद में जगह दे कर हमें
बचा लिया था तब उन्होंने **(ढन् ढन्)**
अब हम इस युग के भरत की तलास करते हैं
तिरवेदियों,
चतुरवेदियों के हाथों
मरते हैं **(ढन् ढन्)**
मरते हैं **(ढन् ढन्)**
हे राम जी, हे रब्ब जी **(ढन् ढन् ढन् ढन्)**

(पीड़ा से कराहते भांड आदि भांडे को उठाकर सड़क पर आगे की ओर आते हुए दर्शकों के बीच से होकर निकल जाते हैं।)

(पटाक्षेप)

घुमावदार रास्ते

(पहचान पुरस्कार से सम्मानित)

⌘

हरदर्शन सहगल

पात्र परिचय

कृपाशंकर : सेवानिवृत्त वृद्ध
अंकिता : कृपाशंकर की बड़ी बेटी : नाट्य कलाकार तथा आकाशवाणी में प्रोड्यूसर
अंजिता : कृपाशंकर की छोटी बेटी : छात्रा
भानुनाथ : नाट्य निर्देशक
महादेव : युवा कलाकार
कुलभूषण : युवा कलाकार
पूनमचंद : सेवानिवृत्त वृद्ध
नेमीचंद : पूनमचंद का युवा पुत्र : अभियंता
ब्रजेश : नेमीचंद का मित्र : प्रोफेसर
मदान : कृपाशंकर का मित्र : डॉक्टर
शांति : डॉ. मदान की बहन

दृश्य : एक

(पर्दा उठते ही अंजिता दिखलाई देती है, आंखें मलते हुए। सुबह का वक्त है। पक्षियों का कलरव स्वर रह-रह कर सुनाई दे रहा है। अंजिता अपने कमरे में है। लंबे-चौड़े आकार का कमरा। अंजिता उसी प्रकार, आंखों को मलते हुए, खिड़कियां खोल रही है। पर्दों को साइड में खींच रही है।)

अंजिता : **(स्वगत खिड़की से बाहर झांकते हुए।)** यह विस्तृत आकाश। छोटे-छोटे, बड़े-बड़े पेड़। इन पेड़ों की झूमती, नाचती टहनियां। ओह, ये पक्षी कितने उन्मुक्त हैं। घूम रहे हैं। चहक रहे हैं। सारा संगीतमय वातावरण।

(थोड़ा रुक जाती है, जैसे किसी गहरी सोच में डूब जाती है। फिर से खिड़कियों को झाड़ने लगती है)

अंजिता : **(स्वगत गर्दन को ऊपर उठाते हुए)** आह, काश कि सारा संसार इसी प्रकार, ठीक इसी सुबह ही की तरह, खुशगवार, सुहावना होता। **(आह खींचती है। अल्पविराम)**

(कृपाशंकर के खांसने का स्वर सुनाई देता है)

अंजिता : **(हाथ उठाते हुए)** शायद डैडी जाग गए। अच्छी बात है। बिना मुंह धोए, अलसाई आंखों के साथ चाय पीने का मजा कुछ और ही है। देखती हूं। **(कदमों को आगे बढ़ाती है। कमरे में वापस आती है।)** अरे डैडी तो अपने कूलर वाले कमरे में हैं ही नहीं। **(जरा रुक कर)** तो जाने कब, रात को छत पर जा कर सो गए। हां, उसी वक्त चले गए होंगे, जब, अंकिता अपने पालतू आर्टिस्टों के साथ सिर मार रही थी। **(रुक कर)** ओह तो क्या अपने ही लिए चाय बनाऊं।

अंकिता को देखती हूं।

अंजिता : दीदी! दीदी!! जागी हो तो तुम्हारे लिए भी चाय बनाऊं।

(अंकिता के कुलबुलाने का स्वर सुनाई देता है।)

अंजिता : यह महारानी जी क्यों उठने लगीं। सारा काम करने को महारानी जी को मैं नौकरानी जो मिल गई हूं। चलो वह भी सही। पर ढंग से पेश तो आया करे। फालतू का रौब। इनके सामने में अंजिता ही क्या, सारी दुनिया ही नालायक है। हाय **(आह खींचती है)** अंकिता जी। दीदी जी! महारानी जी! देखो, सुबह हो चुकी है। आह! कोई जवाब तक नहीं। अच्छा डैडी को देखती हूं **(सीढ़ियां चढ़ती है)** जून का महीना है। गर्मी से सुबह ही राहत मिलती है। आज तो हवा भी खूब ठंडी चल रही है। पता नहीं, डैडी नींद में हैं या आलसवश लेटे, चाय का इंतजार कर रहे हैं। ओह मेरे प्यारे डैडी। **(क्रमशः)** डैडी, डैडी चाय पिएंगे। मुझे अकेले चाय पीने में अच्छा नहीं लगता।

कृपाशंकर : **(लेटे लेटे)** हां हां मेरी प्यारी बच्ची। यहीं ले आओ।

अंजिता : **(फुर्ती से पलटती है। उत्साहपूर्वक)** अभी लाती हूं। महारानी तो उठेंगी नहीं।

कृपाशंकर : **(हंसते हैं)** बहुत देर से सोई होगी **(उठकर चारपाई पर बैठ जाते हैं। सिर के सफेद बालों में अंगुलियां फिराते हैं)** ओह मेरी बिना मां की प्यारी बच्चियो... **(निश्वास)**

(सीढ़ियां चढ़ने की आवाज)

अंजिता : **(ट्रे पकड़े हुए)** लीजिए डैडी। फर्स्ट क्लास गर्मागर्म चाय। **(कृपाशंकर के साथ चारपाई पर सट कर बैठ जाती है। दोनों चाय सिप करते हैं।)**

कृपाशंकर : वाकई, चाय तो शानदार बनी है।

अंजिता : थैंक्यू डैडी। अच्छा, आप छत पर कब आए।

कृपाशंकर : सवा ग्यारह के करीब। उन लोगों की बातें खत्म होने में आ ही नहीं रही थीं। तुमने नोट किया होगा। पहले तो मैं जानबूझ कर खंखारता, खांसता रहा। लेकिन इन लोगो पर कोई असर नहीं हुआ कि मैं डिस्टर्ब हो रहा हूं।

अंजिता : मैं इस संकेत को समझ रही थी। परन्तु उन सब पर कोई

असर नहीं होता।

कृपाशंकर : अंकिता कोई छोटी बच्ची तो है नहीं। उसे अच्छी तरह से पता है। नौ सवा नौ बजे तक मेरी सो जाने की आदत है। फिर थोड़ा रुक कर मुझे कहना ही पड़ा बेटे महादेव, तुम्हारे घर वाले तुम्हारा इंतजार कर रहे होंगे।

अंजिता : हां डैडी, मैं भी तो वहीं बैठी हुई थी। सब समझ रही थी। समझ तो सभी रहे थे। महादेव ने कोई उत्तर नहीं दिया था। उसकी वकालत कुलभूषण ने की थी कि बस अंकल अब टॉपिक खत्म होने ही वाला है। आप बोले थे, अंकिता, चलो पहले खाना खा लो। अंकिता थोड़ी खीझ उठी थी, कौन सी जल्दी है। परसों से नाटक की रिहर्सल शुरू होनी है। हम लोग भूमिका तैयार कर रहे हैं।

कृपाशंकर : सब सुन रहा था।

अंजिता : हां डैडी, जब किसी पर नाटक का भूत सवार हो न तो उसे कुछ भी नहीं सूझता। न खुद का आराम, न घरवालों का आराम।

कृपाशंकर : सचमुच, आखिर करवटें बदलते-बदलते मैं तंग आकर छत पर चला आया था।

अंजिता : ये लड़के, दीदी, दीदी करते हुए आते हैं। पहले थोड़ी देर कोर्स की किताबों की बातें करते हैं। फिर ड्रामों पर उतर आते हैं। रटी-रटाई ऊलजलूल बातें शुरू हो जाती हैं। कुलभूषण कहता है **(अभिनय के स्वर में नकल उतारती है)** बताओ तो दीदी, कोरमा के कला मंदिर के निदेशक नरेन्द्र दा इस विषय में क्या कहते हैं कि किसी के चेहरे के भाव ही यदि दर्शकों को प्रभावित न कर सकें तो क्या नई प्रतिभाओं को नहीं आजमाना चाहिए। पुराने अभिनेता इसी बात से चिढ़ते हैं कि ये नए कबूतर कुछ ज्यादा ही गुटरगूं करने लगे हैं।

कृपाशंकर : किसी भी बात की एक हद होती है। हे राम! पता नहीं, यह अंकिता इन लोगों को कैसे बर्दाश्त करती है, जबकि अपने को गंभीर कलाकार बताती है।

अंजिता : **(अंगड़ाई लेती है। उठती हुई)** हां डैडी, जब मैंने कहा, दीदी, कहो तो तुम्हारा खाना यहीं ले आऊं तो भड़क कर

बोली तू यहां पर क्यों जमी बैठी है, जब कि तुम्हारा इस खेल में कोई इंटरेस्ट है ही नहीं। जाओ और जा कर सो जाओ। आराम बड़ी चीज है। आराम वह करती है या मैं। अभी तक सोई पड़ी है।

कृपाशंकर : हां, तुम दोनों की तकरार भी मैं सुन रहा था। पता नहीं ये लड़के कब वापस गए।

अंजिता : पता नहीं। भगवान बचाए इन लोगों से। मैं भी तंग आ कर अपने कमरे में कूलर चला कर सो गई। अच्छा **(खाली प्यालों को ट्रे में समेटती हुई)** चलूं। घर का काम संभालूं।

दृश्य : दो

(अंजिता और अंकिता दोनों बहनें, दो कुर्सियों पर आमने-सामने बैठी हैं। बीच में छोटी टेबल पर चाय के कप रखे हैं। दोनों घूंट घूंट चाय पी रही हैं।)

अंजिता : डैडी के बिना, मेरे लिए शाम काटना दूभर हो जाता है।

अंकिता : हां मेरी लाडो। डैडी तो कल दोपहर तक ही लौट पाएंगे। बारात का मामला ठहरा। तुम जानती हो, वे तो जाना ही नहीं चाहते थे। प्रकाश अंकल नहीं माने। बोले, तेरे भतीजे की शादी है। चलेगा कैसे नहीं।

अंजिता : हां। डैडी ने कहा भी कि पीछे बच्चियां अकेली पड़ जाएंगी। देखा, मां के न रहने पर डैडी हम दोनों को लेकर कितने परेशान रहने लगे हैं।

अंकिता : अरे इसमें परेशानी कैसी। हम कोई छोटी तो हैं नहीं। यही बात प्रकाश अंकल ने कही भी थी। यह भी कहा था, इन्हें भी साथ ले चलो। रौनक देख आएंगी। पर, मैं कैसे निकल सकती थी। तू तो जानती है। अब ड्रामे के रिहर्सल के दिन सिर पर हैं।

अंजिता : तेरे पर तो हर वक्त यही भूत सवार रहता है... । डैडी को तेरी चिंता...

अंकिता : **(बात काटते हुए)** तेरी खोपड़ी में तो आर्ट को समझने के लिए जरा भी जगह नहीं। तभी तो फालतू में हम लोगों का मगज खा जाती है। और बेवकूफों की तरह हंसती है। आलोचना करती है। आर्ट पर कमेंट करना क्या इतना आसान है। ऐसे तो सारे के सारे लोग कला मर्मज्ञ ही हो जाएं।

अंजिता : **(झल्लाकर)** जो प्रतिभा तुझे जन्मजात प्राप्त हुई है, उसे सहेजे रख। बिखरने नहीं पाए। हवा लग जाएगी।

अंकिता : **(नकल उतारते हुए)** हां, हवा लग जाएगी। ऊंह ऽ।

अंजिता : वैसे, हवा तो लग ही चुकी है, सारे मुहल्ले में। सभी लोग मजाक उड़ाते हैं। वह देखो, भारत की महान कलाकार गुजर रही है।

अंकिता : **(चिढ़कर)** बक-बक बंद कर। तू भी टुच्चे मुहल्ले वालों के साथ बक-बक करने लगी है। तू खुद को देख। तू क्या चीज है। पहले सातवीं में लुढ़क गई थी। नवीं में भी दो साल लग गए थे। हां, अब जरूर चल निकली है तो शान मारने लगी है।

(तभी खंखारने तथा हंसी के स्वर के साथ डॉ. मदान की पग ध्वनि दूर से सुनाई देती है)

अंकिता : कौन, महादेव? चले आओ।

डॉ. मदान : **(हँसते हुए। साथ में अंजिता भी हंसती है)** चाचा हूं तुम्हारा, डॉ. मदान। पहचानती होगी। यह महादेव कौन है।

अंकिता : सॉरी अंकल। **(दोनो बहनें उठ खड़ी होती हैं)**

अंजिता : इस अंकिता के बहुतेरे चेले चाटे हैं । आपको भी...

अंकिता : **(भड़ककर)** फिर वही बक-बक ।... सॉरी अंकल, आइए प्लीज। बैठिए ना **(एक कुर्सी आगे खिसकाती है।)**

डॉ. मदान : **(दोनों बहनों को शांत करने के अंदाज से, हाथ को ऊपर-नीचे करते हैं। साथ ही आशीष में दोनों के सिर भी प्यार से थपथपा देते हैं)** मजा आ गया। तुम दोनों के मधुर संवाद सुन कर। तबीयत खिल उठी है।

अंजिता : थैंक्यू अंकल, यह हमारी प्यारी दीदी अंकिता जी जरा लड़ाकू

प्रवृत्ति की हैं।

अंकिता : लड़ाकू? तू या मैं? वाला... **(रुक जाती है)**

डॉ. मदान : तुम दोनों जीती रहो। क्यों अंकिता, तुम छोटी बहन को इसी तरह से नालायकियत की डिग्रियां बांटती हो।

अंकिता : इसमें एस्थैटिक सेंस है ही नहीं।

डॉ. मदान : इसमें जो सेंस ऑफ रिस्पांसिबिल्टी है और पिता के प्रति समर्पण भाव है, वह सौ सौंदर्यों से भी ऊंचा है।

अंजिता : **(कोमल स्वर में)** नहीं नहीं, ऐसी कोई बात नहीं। अंकिता दीदी भी डैडी को खूब प्यार करती है। हर वक्त उनका ध्यान रखती है। कुछ रोज पहले, रात को डैडी छत पर सो रहे थे। हम दोनों में तकरार चल रहीं थी। शोर सुन कर डैडी कुछ सीढ़ियां नीचे उतर आए। बोले, क्यों रात को ऐसी-तैसी करने पर तुली हो। हम दोनों एकदम चुप। फिर अचानक ही डैडी हंसते हुए वापस छत पर चले गए।

अंकिता : हां, अंकल, हम दोनों तो बुरी तरह से सहम गईं। डैडी गुस्सा बहुत कम होते हैं। जब उन्हें हंसता पाया तो थोड़ी राहत हुई। लेकिन तुरंत शक भी हुआ कि डैडी को क्या हुआ है। कोई सदमा तो नहीं पहुंचा।

डॉ. मदान : है कहां। बुलाओ तो हमारे दोस्त को।

अंजिता : आउट ऑफ स्टेशन। किसी बारात में गए हैं। बड़ी मुश्किल से हम दोनों ने उन्हें किसी प्रकार से भेजा। उनके बिना दिल नहीं लग रहा था। आपने आ कर अच्छा किया।

डॉ. मदान : सब कुछ ही अच्छा रहा। तुम दोनों ने उन्हें बाहर भेज कर ठीक किया। हां, तुम सदमे की बात कर रही थीं। सबसे बड़ा सदमा तो उसे तुम्हारी मां के गुजरने का लगा है। वह तुम दोनों की खातिर सह गया। अब यह तुम्हारा बाप तुम्हारी मां भी है।

अंकिता : ठीक कह रहे हैं आप। फिर भी हम सचेत रहते हैं कि वह सदमों की चपेट से बाहर रहें। पर कभी-कभी उन्हें देखकर शक बना रहता है।

अंजिता : हां अंकल, अंकिता दीदी सच कहती हैं। कभी लाइब्रेरी में किसी किताब में चुपचाप किसी चित्र में आंखें गड़ाए बैठे

रहते हैं। कई बार जब हम उन्हें चाय देने या डाक देने, अचानक लाइब्रेरी में घुसती हैं तो कभी-कभी उन्हें अपने से बातें करते या रूमाल से आंखें साफ करते पाती हैं। पर, पर ... **(कहते-कहते रुक जाती है)**

अंकिता : **(रोष से)** कह डाल वह भी। मैं सब समझती हूं। बड़ी आई डैडी की हिमायती। लाड़ली बेटी।

डॉ. मदान : अरे, अरे यह तो फिर से युद्ध का बिगुल बजने लगा। कहो कहो अंजिता बेटी! अंकल से कुछ छिपाने की जरूरत नहीं।

अंजिता : इसकी शादी की फिक्र...

अंकिता : **(डपटकर)**, तू अपनी फिक्र कर। जब जो आये, कर लेना उसी से शादी। मैं बीच में नहीं आऊंगी।

डॉ. मदान : अंकिता बेटी, छोटी बहन से ऐसे नहीं बोलते। अपने यहां के रिवाजों, तकाजों को हम लोग नकार नहीं सकते। कृपाशंकर भी यही चाहते हैं। पहले बड़ी की हो जाए, तब छोटी की करें। तभी वे निश्चिंत होकर घूम फिर भी सकते हैं। सुना है, तुम हर आने वाले लड़के को रिजेक्ट कर देती हो।

अंकिता : मैं किसी रिवाज, परम्परा को नहीं मानती। जात बिरादारी में ही शादी हो, ऐसा भी नहीं मानती। किसी के अधीन होकर जीना भी, कोई जीना होता है। कैसे-कैसे लोग चले आते हैं।

अंजिता : हां अंकल, अब मुझसे सुनिए। इसकी नजर बहुत ऊंची है। न यह किसी का वर्चस्व सह सकती है और न किसी को अपने काबिल समझती है।

अंकिता : तू अपने दिमाग के पैमाने पर मुझे कसने की कोशिश मत किया कर।

अंजिता : हुई ना वही बात। इसे जो भी देखने को आते हैं, वे सब लड़के इसकी नजर में, छोकरे हैं। दिनेश, परेश, सुरेश, सुरेन लड़के नहीं। इसके इर्द-गिर्द मंडरानेवाले छोकरे हैं। कोई काठी का बहुत पतला। कोई निहायत ठिगना। कोई पतलचू है। कोई मोटा खोटा...

अंकिता : बस बस।

अंजिता : चुप रह। अंकल से बात कर रही हूं। आगे सुनिए अंकल! अगर ऐसे नुक्स किसी लड़के में दिखलाई न दें, तब ये ऐब

उनकी मां, बहनों में ढूंढ़ लिये जाते हैं। अंकिता उन औरतों को फूहड़ कहती है, जो बिना वजह हंसती हैं, अंगड़ाइयां लेती हैं, मुंह खोल-खोल कर उबासियां लेती हैं, दो मिनट में चुलबुलाने लगती हैं। कोई-कोई तो छोकरियों से बढ़चढ़ कर सिंगार करती हैं। इससे पूछिए, इसे शादी किससे करनी है। इसे तो सभी में काइयांपन भी दिखलाई देने लगता है।

डॉ. मदान : वाह अंजिता वाह **(जोर से हँसते हुए)** लड़कों और उनके घरवालों का खूब नक्शा खींच डाला। पतलचू, मोटू, छोटू...वाह।

(अंकिता और अंजिता भी पेट पकड़कर बेतहाशा हंसती हुई, लोटपोट होने लगती हैं)

डॉ. मदान : चीयर्ज, चीयर्ज **(कहते हुए हंसी में शामिल होते हैं। बीच-बीच में पतलचू, मोटू, ऐबी, खोटू शब्द भी रह-रहकर बोल देते हैं)**

अंकिता : **(हंसी रोकती हुई)** अंकल, आज तो आपने आकर समां बांध दिया। आते रहा करें ना प्लीज।

डॉ. मदान : सो तो आता ही रहता हूं। पर तुम दोनों को यह भी बताना चाहता हूं कि हंसते-खेलते ही जिंदगी गुजारनी चाहिए। और साथ ही यह भी कि जिंदगी सिर्फ खेल-तमाशा नहीं है। यदि तुम इसके गंभीर पहलुओं से मुंह मोड़े रहोगी तो और कुछ हो न हो, हमारा दोस्त कृपाशंकर मुश्किलों से उबर नहीं पाएगा। प्लीज, अपने डैडी की ओर पूरा ध्यान दो।

अंजिता : हमसे पहले आपकी ड्यूटी बनती है, उन्हें टेंशन मुक्त रखने की।

डॉ. मदान : बताया न कि एक अच्छे दोस्त की तरह आता रहता हूं। जिस दिन उसे यह पता चला कि एज ए डॉक्टर आता हूं तो वह मेरी ही खबर लेने लगेगा।

अंजिता : कभी-कभी हम दोनों बहुत परेशान हो उठती हैं। जब तब उन्हें मम्मी की याद में खोया-खोया, उदास-उदास पाती हैं। और, कभी-कभी तो उनकी आंखों में आंसू भी देखती हूं।

डॉ. मदान : कोई हर्ज नहीं रोने में। देखा गया है कि सदमों का शिकार अक्सर वे लोग ज्यादा होते हैं, जो अपनी मनोभावनाओं को दबाकर रखते हैं। मैं उसके साथ पढ़ा हूं। वह शुरू से ही

भावुक रहा है। दुखियों को देखता तो कहता, डॉक्टर बनूंगा। मजा यह कि उल्टा हो गया। वह संपादक साहित्यकार बन गया और मैं डॉक्टर। **(जोरदार ठहाका लगाते हुए उठ खड़े होते हैं)** बहुत देर हो गई। अब चलता हूं। **(अभिवादन में सबके हाथ उठते व जुड़ते हैं।)**

दृश्य : तीन

(हमेशा ही की तरह अंजिता व्यस्त दिखलाई दे रही है। दरवाजों, खिड़कियों को झाड़-पोंछ रही है। गमलों में पानी दे रही है। दूध वाले से दूध ले रही है। अखबार आया है। उस पर सरसरी नजर डालकर एक तरफ रख देती है।)

अंजिता : **(स्वगत)** एक कप नहीं, दो कप। डैडी जाग गए होंगे। अखबार और चाय साथ-साथ...। ठीक से पता नहीं चलता। डैडी जाग रहे हैं या सो रहे हैं या बस आंखें मूंदे विचारों में लीन हैं। **(जरा रुक कर)** तो एक कप। मजा नहीं आता, अकेले चाय पीने में। अंकिता दीदी तो सपनों और नाटकों में चाय पीती है। उसे उठाने का मतलब है, आफत मोल लेना। **(खट-खट की आवाज सुनाई देती है)** हां, लगता है, डैडी जाग गए। तो, दो कप।

(तभी दरवाजे पर दस्तक होती हं)

अंजिता : कौन? **(जाकर दरवाजा खोलती है)** आप?

[सामने दो व्यक्ति खड़े दिखलाई देते हैं]

पूनमचंद : मैं पूनमचंद हूं और यह मेरा लड़का नेमीचंद। हम लोग मनाली से अभी सुबहवाली गाड़ी से आए हैं। कृपाशंकर कपूर जी से मिलना है।

अंजिता : आइए। अंदर आइए। डैडी को बुलाती हूं। ड्राइंगरूम में

बैठिए। **(दोनों कुछ दूरी बनाकर सोफे पर बैठे जाते हैं। थोड़ी देर में अंजिता ट्रे में दो गिलास पानी लाकर सेंटर टेबल पर रख देती है। जरा-सी देर वहां बैठकर उठ जाती है)**

अंजिता : लगता है, डैडी जाग गए हैं शायद। **(चल देती है)**

अंकिता : **(दूर से)** अंजू, अंजू, चायवाय बनी है कि नहीं **(आंखें मलते-मलते ड्राइंगरूम में अंजिता को देखने के लिए झांकती है। अजनबियों को देख, विचित्र सा भाव लिये, लौट आती है।)**

(सीढ़ियों से अंजिता उतर रही है)

अंकिता : **(झल्लाती हुई)** अंजू तू। तूने किनको बिठा रखा है वहां।

अंजिता : **(हंसी दबाने का उपक्रम करती हुई)** ऐक्टर लोग हैं। मनाली से आए हैं।

अंकिता : **(चहकती हुई)** शाबाश! देखा तुमने। तो यह होती है किसी कलाकार की इज्जत। बेचारे खुद ही इतनी दूर से चलकर, मुझे निमंत्रण देने और मंत्रणा करने आ पहुंचे। मनाली में ही तो नाटक मंडली जानी है। तो ठीक है। मैं मुंह-हाथ धोकर, ड्राइंगरूम में जाती हूं। तू जल्दी से हम सबके लिए चाय बना ला।

अंजिता : **(नखरे से, जरा झुकते हुए)** जैसी आज्ञा महारानी जी।

अंकिता : ठीक है, ठीक है। ज्यादा बनो नहीं। हां, जरा फुर्ती से।

(अपने आपको थोड़ा सहेजती, अंकिता नाइट गाउन पहने ड्राइंगरूम में प्रवेश करती है।)

अंकिता : **(हाथ जोड़ते हुए)** नमस्कार, मैं ही अंकिता हूं। यहां आने के लिए आप दोनों का धन्यवाद। क्या आज्ञा है। **(एक कुर्सी खींचकर नेमीचंद के निकट बैठ जाती है।)**

पूनमचंद : जीती रहो, हम लोग मनाली से आए हैं। आपके पिताजी से मिलना है।

अंकिता : **(युवक नेमीचंद के अधिक करीब बैठती हुई, आत्मविश्वास से)** आप लोग मुझसे ही कहिए ना।

नेमीचंद : **(अंकिता को प्यार से देखता है, फिर आंखें झुका लेता है। असमंजस से)** आप से? नहीं, पहले आपके डैडी आ

जाएं।

अंकिता : **(उसी आत्मविश्वास से)** वे मना नहीं करेंगे। भेज देंगे।

नेमीचंद : **(मुस्कराता है)** पक्की बात है। जरा खुलकर बोलिए। मेरे पिताजी थोड़ा ऊंचा सुनते हैं।

अंकिता : हां! इसमें छिपाने की क्या बात है। मैं जो भी करूं, डैडी कभी नहीं रोकते। पहले मना करते थे, तो मैं रूठ जाती थी। हां, आपको कौन सा रोल मिला है!

नेमीचंद : इनोसेंस ब्राइडग्रूम का।

(दोनों को खुसर-फुसर करते देख पूनमचंद अखबार पढ़ते हुए, उसी में मुंह छिपाए हुए हैं।)

अंकिता : ओह माई गॉड। आापको यह रोल मिल कैसे गया।

नेमीचंद : क्यों, क्यों नहीं मिल सकता। क्या मेरे चेहरे से भोलेभाले दूल्हे-सी मासूमियत नहीं टपकती? **(अपने बालों में अंगुलियां फिराता है।)**

अंकिता : **(आंखें उठाकर नेमीचंद को देखती है) (स्वगत)** युवक है तो वास्तव में हैंडसम, स्मार्ट। **(फिर संबोधित करती है)** देखिए, मेरा मतलब यह नहीं था महोदय! मेरा मतलब, जहां तक उस खेले जानेवाले नाटक की बात है, उसमें ऐसा कोई रोल है ही नहीं। इनोसेंट ब्राइडग्रूम का...।

नेमीचंद : **(विश्वासपूर्वक)** निकल आएगा। आप एक बार हां तो कीजिए। बस आप नायिका बनने को राजी हो जाएं...

अंकिता : **(क्षण मात्र के लिए होठों पर मुस्कान आती है, किंतु तुरंत आवाज में रोष पैदा होता है।)** लंपट।

नेमीचंद : नायक, नायिका को ऐसा कहने की स्वतंत्रता देता है, बशर्ते ऐसा प्यार से कहा गया हो।

अंकिता : **(जैसे, वास्तव में, नाटक में बह गई हो)** ऐसे प्यार के भ्रम में ही तो नारी सदा से छली गई है।

नेमीचंद : **(वह भी जैसे नाटक की तरंग में आ जाता है।)** हमारी भी कुछ मर्यादाएं होती हैं। कुछ सीमाएं होती हैं। नायिका जहां-तहां आ-जा सकती है। घूम-फिर सकती है, परंतु नायक को विश्वास में ले कर ही। यही उसका आचरण विशुद्ध कहलाता है।

अंकिता : **(किंचित तिलमिलाए स्वर में)** मैं यह सब नहीं मानती। इसीलिए, हां इसीलिए, ऐसी पृष्ठभूमि वाले नाटकों में रोल नहीं करती। **(पैर पटकती हुई, कमरे से बाहर चल देती है।)**

पूनमचंद : **(चौंकते हुए। कान पर हथेली का गोला बनाते हुए)** हैं, हैं, कुछ सुनाई नहीं दिया। क्या कह रही थी।

(तभी कमरे में कृपाशंकर का प्रवेश...दोनों उनके सम्मान में उठकर खड़े होते हैं। एक-दूसरे को अभिवादन करते हैं।)

कृपाशंकर : नमस्कार नमस्कार। बैठिए। प्लीज सिट डाउन। मैं कृपाशंकर हूं। क्या आदेश है।

पूनमचंद : आपको शायद याद होगा, जब आप कुल्लू में थे। आपके साथ मि.आत्माराम भी काम करते थे।

कृपाशंकर : सब अच्छी तरह से याद है। कहां हैं, आजकल? वह हमारे घनिष्ठ मित्रों में से हैं। हां, यही कोई छह-सात महीने हुए होंगे, वह हमारे यहां, एक बार आए भी थे। दो रोज ठहरे भी। फिर पता नहीं, कहां हैं आजकल?

पूनमचंद : **(कान पर हाथ रखते हुए)** जरा जोर से बोलिए। थोड़ा ऊंचा सुनने लगा हूं। हां, तो मैं कह रहा था। हमें आत्माराम जी ने भेजा है **(रुकते हुए)** अरे, कान के साथ मेरा दिमाग भी खराब हो गया। अपना परिचय तो दिया ही नहीं।

कृपाशंकर : **(मुस्कराते हुए, थोड़े ऊंचे स्वर में)** इसमें क्या है। अभी तो आप आए ही हैं।

पूनमचंद : मेरा नाम पूनमचंद हैं। यह है मेरा इकलौटा बेटा। इसका नाम है नेमीचंद। हम लोग मनाली में रहते हैं।

कृपाशंकर : बहुत अच्छा लगा आपका आना। स्वागत है। **(ऊंची आवाज में)** बेटे, पानी, चाय-वाय लाओ।

पूनमचंद : हम लोगों ने पानी पी लिया। चाय-नाश्ता नहाने के बाद। हां तो मैं कह रहा था कि आजकल अच्छे मित्र मिलते कहां हैं। आत्माराम जी आपकी बहुत फिक्र रखते हैं। उन्होंने बताया कृपाशंकर जी की दो बेटियां हैं। बहुत भला घर है। अच्छा रहे, आप ही पहले नहा-धो आएं। मेरा यह बेटा नेमीचंद

अपने ही बलबूते पर पढ़ा है। अब ए. ई. एन. के पद के लिए डायरेक्ट सेलेक्ट हुआ है।

कृपाशंकर : बधाई हो। कहां पर पोस्टिंग हुई है।

पूनमचंद : वाटर वर्क्स में। रैनू धारा में अभी-अभी ज्वाइन किया है। **(जरा रुक कर)** अभी-अभी जो बिटिया यहां बैठी थी। शायद...

कृपाशंकर : जी हां, वही बड़ी वाली है–अंकिता। छोटी का नाम अंजिता है।

पूनमचंद : कुलीन घराना, छिपा नहीं रहता। यहां आकर अच्छा लग रहा है। बिटिया, नेमी से बढ़चढ़ कर नाटक पर चर्चा कर रही थी। भोली लड़की, यदि उसे पता होता कि हम किसलिए यहां आए हैं, तो ज्यादा देर सामने नहीं रहती।

कृपाशंकर : नाटक की बात चल निकले तो उसे फिर और कुछ नहीं सूझता। दिन-रात नाटकों में ही सोती-जागती है। जरा-सा भी रोकें तो छोटे बच्चों की तरह रूठ जाती है।

पूनमचंद : हम भी क्या रोकेंगे। गृहस्थी में फंस कर स्वयं ही लड़कियां जकड़ जाती हैं। सब कुछ भूल भुला देती हैं। पहले घर, फिर बाहर।

कृपाशंकर : वजा फरमाते हैं। अब उठा जाए। नाश्ते के लिए तैयार हो जाइए। फिर और बातें होंगी।

(सब उठ खड़े होते हैं। दोनों मेहमान अपने-अपने अटैची बॉक्स खोलने लगते हैं।)

दृश्य : चार

(खुली रसोई का दृश्य। अंकिता, अंजिता, आमने-सामने खड़ी हैं।)

अंजिता : मैं चाय-पकौड़ी बना रही हूं दीदी। तू थोड़ी बन संवर कर तैयार हो ले। बाकी सारे नाश्ते का सामान डाइनिंग टेबल पर लगा

आई हूं। बस चाय-पकौड़े पहुंचाने हैं। तुम ट्रे लेकर आ जाना। तेरे ही लिए दोनों बाप-बेटे आए हुए हैं।

अंकिता : क्या मतलब?

अंजिता : इतनी नादान क्यों बनती हो। डैडी से तुझे ही मांगने आए हैं। डैडी ने मुझे सब बता दिया है।

अंकिता : क्या ये मनाली से नहीं आए हैं?

अंजिता : आए तो मनाली से ही हैं। मेरे दरवाजा खोलते ही यही बताया था कि सुबह वाली ट्रेन से उतरे हैं। मनाली से आए हैं।

अंकिता : तो कला केन्द्र वाले नहीं हैं ये लोग।

अंजिता : भगवान जाने। मैं नाश्ता रखने गई थी तो उनकी कुछ बातें सुनाई पड़ीं। समझ गई न कैसी बातें।

अंकिता : हूं, ठीक कहती है। जैसे ही मैं सुबह कमरे से बाहर निकली थी तो बाप की कुछ-कुछ पुरातनपंथी बातें मेरे कानों में भी पड़ी थीं। खैर, तू ही बता ! क्या सुना।

अंजिता : यही कि आजकल अच्छे, पुराने खानदानी घर मिलते ही कहां हैं। कि इस आधुनिकता से किसी का क्या भला होगा।

अंकिता : कि...

अंजिता : कि हमने आपकी दोनों बच्चियों को देख लिया है। कि आप वन बाई वन इनकी शादी करना चाहेंगे। समझ गए ना। पहले बड़ी की...कि।

अंकिता : भारतीय संस्कृति के अनुसार, हर मां-बाप ऐसा ही करते हैं। क्यों?

अंजिता : तो इसमें गलत क्या है कि अंकिता बड़ी है, हमें दे दीजिए।

अंकिता : **(उखड़ती है)** अच्छा, तो यह बात है। **(रुक कर)** यह क्या मजाक है। **(चिढ़ाने की मुद्रा में)** बड़ी लड़की हमें दे दीजिए। मैं कोई गुड़िया हूं, जो डैडी मुझे उठाकर किसी को दे देंगे।

अंजिता : कन्यादान पिता ही तो करते हैं।

अंकिता : तू मेरी जान बख्श। क्या तू मेरी प्रतिष्ठा, मेरी मान्यताओं से परिचित नहीं? वाह, कन्यादान। बहुत खूब। डैडी मुझे दान में दे देंगे। कल को अगर यह लोग मुझे जला डालें, तो कायदे से तुम्हें और डैडी को कुछ नहीं बोलना चाहिए। कुछ भी

नहीं करना चाहिए, क्योंकि दान दी गई वस्तु पर से दानकर्ता का हक खत्म हो जाता है।

(बीच-बीच में कृपाशंकर की आवाजें आ रही हैं, भई जल्दी आओ। चाय बनी कि नहीं, जवाब में हां, हूं अभी आई कहकर वे टाल रही हैं।)

अंजिता : पर ऐसा होता नहीं। बेटी तो बेटी ही होती है।

अंकिता : **(चिढ़ाते हुए)** ऐसा नहीं होता तो फिर यह बेसिर-पैर की बेतुकी धार्मिक व्याख्याएं किसलिए रची गईं? किसने तर्कविहीन सिद्धांतों को गढ़ा है। कन्यादान **(आवाज ऊंची हो उठती है।)**

अंजिता : धीरे बोल। तेरी आवाज, वहां पहुंच रही होगी।

अंकिता : मेरी बला से। माई फुट...

अंजिता : **(हंसती है)** ठीक है, जिसे वे कन्या समझ रहे हैं, उन्हें वक्त रहते पता तो चले कि वह कन्या नहीं तोप है।

अंकिता : उनके मन में जो आए, वे समझें। मैं जो हूं, सो हूं। अपनी मर्जी की मालिक। वाह, वह मुझे बुद्धू बनाने चला था, नाटककार बन कर। इनोसेंट ब्राइडग्रूम।

अंजिता : बुद्धू तो तू है ही। इसीलिए बुद्धू बन गई। फिर भी इसमें तेरा रत्ती भर भी दोष नहीं। तू दिन-रात नाटकों में खोई रहती है न। तेरे लिए सारी दुनिया रंगमंच और सारे प्राणी ऐक्टर हैं। उसने अगर तुझे बुद्धू बना दिया तो बना दिया। तू बन गई तो बन गई। अब चिढ़ती क्यों है। चुपचाप चाय ले कर चली जा, उस इनोसेंट ब्राइडग्रूम के पास।

अंकिता : शटअप। **(मारने को दौड़ती है)**

अंजिता : मेरी प्यारी दीदी, यह रही चाय की ट्रे। उठा लो। फिर ठुमक-ठुमक चाल से, गर्दन को झुकाए, झुकाए मेहमानों के सामने धीरे से सलीके से ट्रे रख दो। नाश्ते की प्लेटें मेज पर रखी हैं, उन्हें हर एक के सामने सरकाओ। शाबाश, जरा मैं भी तो देखूं अपनी...

अंकिता : सवाल ही नहीं होता। मेरी जूती।

अंजिता : अच्छा जी, इधर चाय ठंडी हो रही है, उधर आप गरम। तो ठीक है, मैं ही ले जाती हूं। कह दूंगी। होने वाली दुल्हन

शरमा रही है।

अंकिता : जा, जो मर्जी हो, कह देना। मुझे कुछ लेना-देना नहीं। उनके महान विचार तुमसे और उनसे जान चुकी हूं मैं। **(सांस थोड़ी फूल जाती है)** मैं केवल अपने अस्तित्व के प्रति सजग हूं। मेरे लिए यही पर्याप्त है। और संतोष की बात भी। समझी!

अंजिता : आपको जग निर्माता भी नहीं समझ सकते। मैं तो क्या चीज हूं। आप महान हैं। धरती की तरफ से चलें तो पहले आप हैं। आकाश की तरफ से चलें तो पहले आप हैं। जय हो।

अंकिता : चुप्प! वरना...

कृपाशंकर : **(दूर की आवाज)** भई, क्या वहां पर भी नाटक शुरू हो गया। क्या झमेला है। चाय लाओ।

अंजिता : लाई डैडी। चाय जरा ठंडी हो गई थी। दीदी इलायची डाल रही है।

(अंगूठा दिखा-दिखाकर अंकिता को चिढ़ाती है)

दृश्य : पाँच

(डाइनिंग टेबल के इर्दगिर्द नेमीचंद, पूनमचंद के बीच में कृपाशंकर बैठे हैं। अंजिता ट्रे लिये पहुंचती है।]

पूनमचंद : आओ बेटी आओ। **(कृपाशंकर की ओर देखते हुए)** यह छोटी वाली है ना? इसी ने दरवाजा खोला था। बैठो बेटी! तुम भी हमारे साथ चाय लो। मैं जानता था, बड़ी वाली नहीं आएगी। हमारे यहां यही होता है। लड़की को जरा सी भनक मिली कि रिश्ते की बात चल रही है तो फौरन शरमा कर पीछे हट जाती है।

नेमीचंद : **(चाय का कप उठाते हुए)** शायद दूसरे कारण से शरमा रही हो। **(कृपाशंकर की ओर देखते हुए)** अंकल, आपको पता नहीं । सुबह हमारे आते ही, उसके साथ खूब इंटरेस्टिंग

डॉयलाग होने लगे । वह भली मानस यह समझ बैठी कि हम मनाली नाट्य कला केन्द्र के सदस्य हैं।

कृपाशंकर : **(चाय का कप उठाते हुए)** प्लीज, यह जलेबी लीजिए ना। **(रुक कर)** हां, आपने ठीक कहा। वैसे यह स्वाभाविक ही था। उसका अगला नाटक मनाली में ही होना तय हुआ है। वहां पर नाटक प्रतियोगिता है। आपने बताया होगा कि मनाली से आए हैं। बस, यहीं से उस बेचारी का गणित गड़बड़ा गया। क्या-क्या बातें हुईं?

नेमीचंद : यही कि नाटक में कौन किस भूमिका के लिए चुना गया है। बातों की तेजी में यह नहीं समझ पायी कि उनके नाटक में मुझे कैसे रोल मिल गया।

कृपाशंकर : किसी चीज में ज्यादा खोए रहने से अक्सर आदमी चक्कर में आ जाता है। वैसे वह बहुत इंटैलिजेंट है। पर...

(बातचीत के दौरान सभी नाश्ता लेते जाते हैं।)

नेमीचंद : हां, यह तो है ही। फिर जैसे ही उसे कुछ अहसास हुआ तथा सिद्धांतों, मान्यताओं की बात हुई, उसका स्वाभिमान जाग्रत हो उठा और वह थोड़े गुस्से में आ कर चली गई।

पूनमचंद : **(कान खुजलाते हुए)** क्या कहा। गुस्सा हो गई बिटिया।

कृपाशंकर : अभी बचपना है। अपने सामने, दूसरों के विचारों को अधिक महत्त्व नहीं दे पाती। यह उम्र ही ऐसी होती है। **(नेमीचंद की ओर देखते हुए)** क्यों?

नेमीचंद : एकदम सही कहते हैं आप। हर युवा होता व्यक्ति अपने को दुनिया का सम्राट समझने लगता है। यह एक मनोवैज्ञानिक पहलू है।

कृपाशंकर : **(नेमीचंद के सिर पर आशीष देते हुए)** रियली यू आर ग्रेट।

अंजिता : **(जरा जोर देकर)** हमारी दीदी भी तो ग्रेट है।

नेमीचंद : हां हां। कौन इन्कार करता है।

कृपाशंकर : **(ऊंचे स्वर में)** बताइए पूनमचंद जी, दोपहर के भोजन में क्या खाना पसंद करेंगे।

पूनमचंद : कुछ नहीं। हम दोपहर वाली गाड़ी से लौटने की इजाजत चाहते हैं।

कृपाशंकर : यह भला कोई बात हुई। दोचार रोज रहिए।

पूनमचंद : धन्यवाद। पर इतनी छुट्टी कहां। जाकर नेमी को तैयारी करनी है। कुछ कपड़ों का बंदोबस्त करना है। एक दफा जल्दी से ज्वाइन कर ले। फिर बिटिया जब मनाली में ड्रामा खेलने आएगी, तब यह भी छुट्टी लेकर आ सकेगा। आप सब भी आइएगा, हमारे गरीबखाने।

कृपाशंकर : मैं तो घर से बाहर बहुत कम निकल पाता हूं...। हां असली बात तो रह ही गई। बेटे नेमीचंद, आप ही अपनी च्वॉयस बताओ। कौन सी सब्जी पसंद है। खीर तो खाते ही होंगे। या कस्टर्ड, फिरनी।

नेमीचंद : **(हंसते हुए)** क्यों मुंह में पानी भरवा रहे हैं। बनवा डालिए। सब कुछ हजम हो जाएगा। मगर यह सब अगली बार। अभी हमें जाने दीजिए, प्लीज।

कृपाशंकर : ठीक है। शाम को भी तो गाड़ी जाती है। उसी से चले जाइएगा **(रुककर)** अंजू बेटे, दोनों बहनें मिलकर अपना करिश्मा दिखा डालो।

(सभी हंसते हैं)

अंजिता : ऑफकोर्स! दीदी गुलाब जामुन बहुत अच्छा बनाती है। मैं दही-बड़े बनाऊंगी।

कृपाशंकर : आपके साथ हमें भी खाने का मौका मिल जाएगा।

पूनमचंद : कृपाशंकर जी, मेरी बात याद रखिएगा। यह रहा हमारा पता **(जेब से विजिटिंग कार्ड निकाल कर बढ़ाते हुए)** कोशिश कीजिए। आप दोनों भी चले आइए। अंकिता बेटी भी हमारे यहां ही ठहरेगी।

अंजिता : पूरी नाटक टीम साथ होगी। मुझे पता नहीं है, सभी के ठहरने की क्या व्यवस्था होती है। व्यस्त कार्यक्रम रहते हैं। पता नहीं, कितना अवसर मिल पाए।

नेमीचंद : आपको तो मिल ही जाएगा। वहीं ढंग से मिलना और सैर-सपाटा भी हो जाएगा।

अंजिता : एक्सक्यूज मी। मेरे इम्तहान सिर पर हैं।

नेमीचंद : खैर, हम तो इंतजार करेंगे ही। पचीस तारीख ही बताई है न।

अंजिता : जी हां, इसी महीने की पचीस। अभी तो तीन ही है।

पूनमचंद : पचीस तारीख में अभी दिन हैं। हम जाते ही पत्र लिखेंगे। आप भी दीजिएगा।

कृपाशंकर : जी हां। जी हां। वह तो है ही। आपने आकर दर्शन दिए। बहुत-बहुत धन्यवाद।

पूनमचंद : सच, हमें भी आप सबसे मिलकर बहुत अच्छा लगा।

कृपाशंकर : चलिए, आपको थोड़ी देर शहर घुमाया जाए।

दृश्य : छह

(शाम का समय। आंगन में छोटी मेज के आसपास कुर्सियों पर पूरा परिवार बैठा है।]

कृपाशंकर : आज टांगों में कुछ दर्द है। **(टांग दबाते हुए)** सैर को नहीं निकलूंगा। तुम दोनों से बातें करूंगा।

अंकिता : **(चिंतापूर्वक)** हां, क्या हुआ आपको? दोपहर आलू और चावल खाए थे आपने। उस कारण से तो नहीं?

अंजिता : डाक्टर अंकल को बुला लाऊं।

कृपाशंकर : तुम लोग तो, यूं ही, जरा-जरा सी बात पर घबरा जाती हो। समझ लो, बस थोड़ा रेस्ट करने का मूड है।

अंकिता : तब लेट जाइए **(चारपाई खींचती है। अंकिता तुरंत चद्दर उठा कर चारपाई पर बिछाने लगती है।)**

कृपाशंकर : माफ करो मेरी दादियो। मैं कोई छुईमुई नहीं हूं। **(जरा रुककर)** मैं सोच रहा था, अब तक पूनमचंद जी का खत आ जाना चाहिए था। आज की डाक भी देख ली।

अंकिता : गरज होगी तो अपने आप खत लिखेंगे। आप क्यों चिंता करते हैं। ऊंह, न ही आए तो अच्छा।

कृपाशंकर : क्या कहती हो? स्टेशन पर मैं और अंजिता उन्हें सी ऑफ करने गए थे, तो दोनों बाप-बेटे बहुत खुश थे। बार-बार यही कह रहे थे कि जाते ही चिट्ठी लिखेंगे। आप भी लिखिएगा।

लिखनी तो मुझे ही चाहिए थी। आभार व्यक्त करना चाहिए था। क्यों अंजिता? आखिर लड़के वाले हो कर पहल कर गए।

अंजिता : फिर लिखी क्यों नहीं।

कृपाशंकर : मैंने यही सोचा, चलो, एक बार उनकी सकुशल पहुंच का खत आ जाए **(जरा रुककर)** तब तक जरा अंकिता की राय भी जान लूं।

अंजिता : डैडी, अगर आप बार-बार इसकी राय जानने लगे, तो हो गया बेड़ा पार। मुझसे लिखवा लीजिए, **(अटकती हुई)** यह, इसके साथ थोड़ी सख्ती बरतने की जरूरत है। इसके तो नखरे गिनते रहिए। दिल्ली वालों का क्या कसूर था। बस यही न कि उन बेचारों के मुंह से इतना निकल गया कि पहले, अंकिता की नौकरी लग जाए, तब शादी की तारीख तय कर लेंगे।

अंकिता : मैं जमाने की नस-नस को पहचानती हूं। समझी इस बात का क्या मतलब निकलता है। ऊंहूं...पहले नौकरी लग जाए। उन पट्ठों को शक हो रहा था कि वाकई डैडी सच कह रहे हैं कि लड़की का सेलेक्शन हो चुका है।

अंजिता : खूब। चलो, अब तो तुम्हारी नौकरी लग चुकी है।

अंकिता : हां, यही तो कह रही थी कि जब उन... **(अटकती है)**

अंजिता : हां हां खुलकर बोलो उन पट्ठों को।

अंकिता : वैसे, इसमें क्या है। जब उन पट्ठों को पता चला कि वास्तव में मेरी सर्विस एज ए प्रोड्यूसर आकाशवाणी में लग चुकी है, तो भागे-भागे आए। तब मैं समझ गई कि एक तो ये लोग मिजाज के धनी हैं। दूसरे, मेरे धन पर ऐश करना चाहते हैं। तब ऐसे लालची लोगों को मैंने मना कर दिया। बहुत मिन्नतें करते रहे। लो मजे। अब क्या होता है। हां, एक तीसरा कारण भी था...।

अंजिता : **(मुस्कराते हुए वक्र दृष्टि से)** हां हां, वह तीसरा कारण भी गिना डाल।

कृपाशंकर : यह तो सैकड़ों कारण गिनवा सकती है। शादी नहीं करनी थी न। लेकिन हर हिन्दुस्तानी बाप, एक ही बात जानता है कि

सुयोग्य वर मिलते ही, बेटी के हाथ पीले कर देने चाहिए। रही बात तुम्हारे तीसरे कारण की, तो, जरा वह भी तो पता चले।

अंजिता : यह हमारी दीदी जमाने भर की नस-नस पहचानती है। और मैं अपनी दीदी की नस-नस पहचानती हूं। यह किसी के अधीन हो कर नहीं जीना चाहती। **(अंकिता की ओर देखती हुई)** क्यों, है ना यही बात?

अंकिता : बेशक, गलत क्या कहती हूं। शुरू से ही आदमी औरत को दबाते आए हैं। अब जमाना बदल रहा है।

कृपाशंकर : बिलकुल ठीक कहा। वरना पिता-पुत्री के बीच संवाद और ऐसी बहस संभव नहीं थी। **(रुककर)** तुम इस बात को क्यों नहीं समझतीं कि एडजस्टमेंट के लिए पति भी पत्नी से दब कर चलता है।

अंकिता : ऊंहू। यह सब ऊपर की दिखाने की बातें हैं।

कृपाशंकर : **(ढीले स्वर में)** बेटी, तुम जरा ठंडे दिमाग से काम लो। और मुझे ठीक से जवाब दो ताकि मैं जल्दी से उन्हें पत्र लिख सकूं।

अंकिता : हम लोग खाने की तैयारी करें?

कृपाशंकर : दुनिया के सारे काम जरूरी हैं। हर काम का वक्त होता है। मेरे लिए बस एक चपाती। खास भूख नहीं है।

अंकिता : भूख मुझे भी नहीं है। और अगर इसी तरह अंजू को भी न हो तो छुट्टी। बस कुछ पकौड़े वगैरह तल कर चाय के साथ, नाश्ता कर लेते हैं। मुझे भानुनाथ जी से जरूरी काम है। वहां जाऊंगी।

कृपाशंकर : अब तो अंधेरा घिरने लगा है। कल चली जाना।

अंकिता : जैसा आप कहें।

कृपाशंकर : गुड **(उठ खड़े होते हैं) (अंकिता अंजिता रसोई को चल देती हैं)**

अंजिता : बड़ी जल्दी मान गई।

अंकिता : **(धीरे से)** शी ऽ ऽ **(होठ चबाती है)** दूसरों से अपनी बात, मनवाने के लिए, पहले उनकी बात माननी पड़ती है। चलो, कड़ाही में तेल डालो। आलू चिप्स, पापड़ भी तल लेते हैं।

अंजिता : **(मुंह बनाते हुए)** वाह, भूख नहीं है। झूठी, बहानेबाज।

(बर्तन मांजने की ध्वनियां सुनाई पड़ती हैं।)

दृश्य : सात

(बड़े से स्टडी टेबल के पीछे, भानुनाथ जी बैठे हैं। साइड में छोटी कुर्सियों पर महादेव तथा कुलभूषण बैठे हैं।)

भानुनाथ : अंकिता दिखलाई नहीं दे रही। कल रात उसने आने को कहा था। आई नहीं। जाकर पता लगाओ।

कुलभूषण : **(हाथ उठाते हुए)** मैं?

भानुनाथ : हूं।

महादेव : मैं भी साथ चला जाऊं?

भानुनाथ : हां, यहां बैठे-बैठे तुम भी क्या कर रहे हो। अंकिता के बिना रिहर्सल शुरू कैसे करें। जाओ। तब तक मैं एक स्क्रिप्ट देख डालूं।

(तभी अंकिता का प्रवेश)

अंकिता : गुड आफ्टरनून सर।

भानुनाथ : **(हाथ उठाते हुए)** ओ के। ओ के तुमने तो रात देर तक बड़ा इंतजार कराया।

अंकिता : सर, कुछ घरेलू समस्याएं आ पड़ी हैं। इसीलिए निकलना नहीं हो पाया। माफी मांगने आई हूं।

भानुनाथ : इसमें माफी की क्या बात है।

अंकिता : मैं नाटक में भाग नहीं ले सकूंगी। मैं मनाली भी नहीं जाऊंगी।

भानुनाथ : **(एकदम चौंकते हुए)** हें, यह कैसे हो सकता है।

अंकिता : सर! मैं पूरी गंभीरता से कह रही हूं। और यही सूचना देने यहां पर आई हूं।

भानुनाथ : कोई कारण?

अंकिता : मैं कारण नहीं बताया करती। अपने निर्णय से आपको अवगत करा दिया। बस।

महादेव : दीदी, ऐसे कैसे बोल रही हो, सर के सामने...

कुलभूषण : दीदी, आपको हर नाटक में प्रशंसा मिलती है। साथ में थोड़ी हमारे हिस्से में भी आ जाती है।

भानुनाथ : प्रशंसा और सराहना, यही चीजें किसी को बहुत जल्दी खराब कर देती हैं। देखो अंकिता, इतनी उड़ान मत भरो। इस अवसर पर, जब इतने कम दिन रह गए हों, मैं गुस्सा भी नहीं कर सकता। तुम क्या चाहती हो, भविष्य में तुम्हें कोई भूमिका न दें।

अंकिता : आप निर्देशक हैं। यह आपका अधिकार है। परंतु मेरी 'न' का मतलब 'न' ही हुआ करता है। मैं बार-बार निर्णय नहीं बदलती।

भानुनाथ : पहले हां, फिर ना। क्या तुम इसे धोखा देना नहीं मानतीं।

अंकिता : आदमी खुद धोखा खाता है। कोई दूसरा उसे धोखा नहीं दे सकता।

भानुनाथ : अजीब फलसफा है। **(दोनों हाथों से कनपटियां पकड़ लेते हैं। फिर सामान्य होने की चेष्टा करते हैं)** तब तुम्हारी जगह रोल कौन करेगा।

अंकिता : हां, इस विषय पर मुझे सहायता करनी चाहिए। वर्तिका या वनिता को ले सकते हैं।

भानुनाथ : दोनों ही थोड़ी लंबी और स्थूलकाय हैं। नायक कुलभूषण है। आयु में यह भी तुमसे छोटा है, पर लंबा है। लेकिन उन दोनों के मुकाबले ठिगना दिखेगा। तुम क्या कहती हो।

अंकिता : अब अपनी बहन अंजिता से कहूं।

भानुनाथ : हां, वह तुम्हारी सही कापी है। परन्तु उसने नाटकों में प्रवेश किया नहीं।

अंकिता : स्कूल लाइफ में तो नाटकों में अभिनय किया करती थी। फिर 'बकवास' कह कर छोड़ दिया। कहती है, वहां पर सब लोग, कुछ ज्यादा ही ढीले हो जाते हैं। लड़कियों के साथ एकदम स्वतंत्रता पा लेना चाहते हैं। शायद बाद तक भी इन्हीं रंगमंच

की कल्पनाओं में खोए-खोए से नजर आते हैं। डांवाडोल। मिलते ही कहेंगे, तुमने मेरे साथ पार्ट किया था ना।

भानुनाथ : ओफ्फ, यदि ऐसे ही ऊंचे विचार और वितृष्णा है, तो वह क्यों मानेगी।

अंकिता : माने या न माने, यह उसका अपना अधिकार है।

भानुनाथ : **(थोड़ा सोच कर)** देन ओ. के. । यू शुड शेअर द रिस्पांसिबिलिटी। मेरा कुछ रोल के लिए बाहर जाना जरूरी हो गया है। अपने सारे अधिकार तुम्हें सौंपता हूं। तुम्हीं चुनाव करने के लिए स्वतंत्र हो। सबको ट्रेनिंग देकर तैयार करना तुम्हारा जिम्मा रहा।

अंकिता : **(जरा झुकते हुए)** इस दायित्व तथा भरोसे के लिए आभार व्यक्त करती हूं, भानुनाथ जी।

भानुनाथ : **(स्वगत)** ओह यह लड़की कैसी है। कैसे मेरे सामने तन कर खड़ी हो गई। और शालीन भी है। **(प्रकट में)** धन्यवाद अंकिता, धन्यवाद। अलविदा।

दृश्य : आठ

(अंजिता और कृपाशंकर आमने-सामने कुर्सियों पर बैठे हैं।)

कृपाशंकर : शाम हो गई, अभी तक अंकिता लौटी नहीं।

अंजिता : हां। दीदी सवेरे की शिफ्ट ड्यूटी से लौटी थी। दोपहर तो हो ही गई थी। जैसे तैसे खाना निगला। फिर यह जा वह जा। रिहर्सल जो चल रही है।

कृपाशंकर : उसे मालूम है, हम शाम को पार्क जाते हैं। क्या अब घर में ताला लगाएं। बाहर जाकर भी दिमाग में यही खयाल आता रहेगा कि वह आई कि नहीं।

अंजिता : तब, थोड़ा और रुक लेते हैं। अब आती ही होगी। **(गर्दन**

मोड़ते हुए) लीजिए, दीदी आ गई।

(अंकिता का प्रवेश)

अंकिता : **(प्यार से)** अंजू अंजू! क्या कर रही हो!

अंजिता : बहुत लाड़ आ रहा है। जबान में इतनी मिठास।

अंकिता : तुम क्या समझती हो, मेरी भावनाएं सूख गई हैं। हो तो मेरी गुड़िया बहन ही न। बस थोड़ा सा व्यस्त रहती हूं।

कृपाशंकर : अंकिता, तुम कहां से आ रही हो?

अंकिता : डैडी, यह पूछिए कि कहां से नहीं आ रही। पहले ऑफिस, फिर घर। फिर रिहर्सल। जगह-जगह भटकना पड़ता है। कोई रुठ जाए तो उसे मनाओ। एक का पार्ट दूसरे को दे कर, सोचो परखो। फिर आज तो डॉक्टर अंकल के घर भी जाना पड़ा। वहीं से आ रही हूं।

कृपाशंकर : डॉ. मदान के यहां? वहां कैसे पहुंच गई!

अंकिता : वेरी इंटरेस्टिंग अफेयर...बताऊं।

अंजिता : देर हो रही है। हम लोग घूम कर आ जाएं तब बताना।

अंकिता : सुनिए डैडी। कल शाम आप सैर को नहीं जाएंगे। अंकल की बहन, शांति बुआ आई हुई हैं। उन्हें लेकर अंकल कल हमारे यहां आएंगे।

कृपाशंकर : गुड न्यूज।

अंजिता : चलिए डैडी, अंधेरा हो जाएगा।

अंकिता : अंजू, तू मत जा। तेरे साथ कुछ जरूरी बातें करनी हैं।

अंजिता : ऐसी कौन सी जरूरी बात है।

अंकिता : अभी बताया न कि कई तरह के मसले होते हैं। तुमसे सलाह मशविरा करना है।

अंजिता : **(आश्चर्य से)** मुझसे? मैं तो तुम्हारी वाली फील्ड में हूं ही नहीं।

कृपाशंकर : हम रुक नहीं सकते। हां एक कप चाय के लिए हमें थोड़ी देर के लिए रोक सकती हो।

अंकिता : **(हंसती हुई)** ओह डैडी। आप दोनों बैठिए। मैं अभी चाय बना कर लाई। **(जाती है)**

(अंजिता और कृपाशंकर एक-दूसरे की ओर देखकर मुस्कराते हैं। थोड़ी देर में अंकिता ट्रे में

चाय लाती है।)

अंकिता : गर्म, गर्म चाय।

कृपाशंकर : अंकू! आज तू भी हमारे साथ चल न। सैर हो जाएगी।

अंकिता : मैं कैसे चल सकती हूं। सवेरे से भागदौड़ में हूं। फिर कल सवेरे ड्यूटी पर जाना है। कपड़े वगैरह संभालने हैं। अंजू, तू रुक क्यों नहीं जाती।

अंजिता : मैंने कहा ना, मैं डैडी को अकेला नहीं छोड़ सकती। तब तक तुम रेस्ट कर लो। रात को ही एक दफा बातें कर लेंगे।

अंकिता : रात को कुछ लोग आएंगे। उन्हें तैयारी करानी है।

अंजिता : कोई बात नहीं! जो बताना है सुबह बता देना। मैं कौन सा कहीं भागी जा रही हूं।

अंकिता : सवेरे मेरी ड्यूटी है। चल, कल दोपहर को ही सही। गुड बाई।

दृश्य : नौ

(पार्क के एक बेंच पर, कृपाशंकर और अंजिता साथ-साथ बैठे हैं।)

कृपाशंकर : आज तो तुम्हारी दीदी बहुत खुश नजर आ रही थी।

अंजिता : हां, मैंने भी यही नोट किया है। वरना वह और मुझे घास डाले। वाह, मुझसे मंत्रणा करेगी। वंडरफुल।

कृपाशंकर : डॉ. मदान और उनकी बहन से मिलकर आई है। हो सकता है उनकी बातों का कुछ असर पड़ा हो।

अंजिता : हृदय परिवर्तन और अंकिता का, और वह भी आधे घंटे में। नेवर। इट इज नेक्स्ट टु इम्पॉसिबल। नामुमकिन।

कृपाशंकर : मैं चाहता हूं। चलो हमारे न सही, किसी और के कहने से ही सही, दिशा पकड़े।

अंजिता : क्या कहते हैं डैडी! यह और कहना माने। बस इसकी अपनी

मर्जी और अपनी अकड़। इससे ऊपर कुछ नहीं।... अकडू।

कृपाशंकर : **(निःश्वास खींचते हुए)** तुम्हारी मां भी यही कहा करती थी। आपके लाड़ का फल है। और चढ़ाइए सिर पर। अंजू, लाड़ तो तुमसे भी कम नहीं किया। परंतु अपना-अपना स्वभाव है। हां, यह भी नहीं कह सकते कि अंकू बिगड़ी हुई है।

अंजिता : दीदी बहुत जीवट है। मुझसे कहा करती है, अंजू, तू तो निरी बुद्धू है। तुझे पता नहीं, सोसाइटी में कैसे रहना चाहिए। किसको कितनी लिफ्ट देनी चाहिए और कैसे फौरन पीछे हट जाना...होता है। किसी को बिगाड़ो नहीं और किसी को सिर पर भी मत बिठाओ। समय लगाकर सबको देखो, परखो और बहादुर बन कर हर एक का सामना करो।

कृपाशंकर : हां, बातें तो बड़ी-बड़ी कर लेती है। मगर, साथ ही बचपना भी उसमें भरा पड़ा है। अपने सांस्कृतिक परिवेश के प्रति सचेत न होना भी कभी-कभी बहुत दुखदायी हो जाता है। विशेष रुप से भारतीय युवतियों के लिए। वह समझती नहीं। पूनमचंद जी को मैंने पत्र लिख रखा है। तुम्हें पढ़वाऊंगा। कब तक किसी को प्रतीक्षा में रखा जा सकता है।

अंजिता : डैडी, एकदम से मना तो मत कीजिए। बल्कि गुंजाइश बनाए रखिए। क्या पता थोड़े समय बाद दीदी कुछ दूसरे तरीके से सोचने लगे।

स्वर : **(दूर से आवाज आती है)** आइसक्रीम।

अंजिता : **(भागती हुई)** आइसक्रीम लाती हूं। **(अल्पविराम) (वापस आती है)** यह लीजिए डैडी, अपना कप।

डॉ. मदान : **(अचानक ही पीछे से आ कर)** क्यों, हमारे लिए नहीं।

अंजिता : डॉ. अंकल आप **(आश्चर्य से)** ... अच्छा तो यह कप आप पकड़िए। मैं और ले कर आती हूं। **(वापस भागती है और वापस आती है।)**

(तीनों कपों से, चम्मच से आइसक्रीम निकाल कर खाते हैं।)

कृपाशंकर : कल तो आपको, दीदी को लेकर हमारे यहां आना है।

डॉ. मदान : श्योर। परसों से हमारी शांति बहन आई हुई हैं। अंकिता तो

मिल ली। कल आप सबसे मिलेंगी।

अंजिता : नाइस। यह अंकिता दीदी से ही पता चला। पूरी बात नहीं हो पाई। वह अचानक आपके यहां कैसे जा पहुंची! जबकि हर वक्त, समय के अभाव का रोना रोती रहती है।

डॉ. मदान : वेरी वेरी इंटरेस्टिंग थिंग। एक लाजवाब पेशेंट को लेकर आई थी?

अंजिता : लाजवाब पेशेंट कैसे होते हैं।

डॉ. मदान : वह ऐक्टर होते हैं। सुनोगी तो हंसी से लोट-पोट हो जाओगी।

अंजिता : **(उत्सुकता से)** सुनाइए, सुनाइए। और आइसक्रीम लाऊं आप के लिए?

डॉ. मदान : ताकि तमाम लोग देख लें कि स्वास्थ्य नियम सिखाने वाले खुद कैसे नियमों का उल्लंघन करते हैं। खैर सुनो, अंकिता एक बिगड़े हुए गले वाले युवक को लेकर हमारे पास आई थी। कहने लगी, यह एक ऐक्टर है। इसका गला ठीक कर दीजिए।

अंजिता : **(आश्चर्य से)** ऐसा? नाम तो बताया होगा। कौन है?

डॉ. मदान : नाम तो नहीं बताया। बस यही बताया कि इसका पार्ट ऊंचा ऊंचा, जोर जोर से बोलने का है। पर वह कुछ ज्यादा ही जोश में आ कर रिहर्सल करने लगा। अब चीखते, चीखते, उस जनाब के गले से 'खरड खरड' 'हुई गई' जैसे स्वर निकल रहे हैं। **(जोर से हंसते हैं।)** 'खुड खुड', जैसे हुक्का पी रहा हो। **(अंकिता और कृपाशंकर भी हंसने लगते हैं।)**

कृपाशंकर : खूब।

अंजिता : अंकल, और क्या-क्या बातें हुईं।

डॉ. मदान : **(उसी मस्ती में)** मैं भी सोच रहा हूं, तुम्हारी दीदी है बहुत तेज। जब उस ऐक्टर ने बोलना चाहा तो उसकी आवाज ऐसे निकाली—हां दाक्तर साएब, तोई अती ई ई दबाई...इतना कहते ही उसका तो गला बैठ गया और मेरी हंसी छूट गई। मुझसे भी बोला नहीं जा रहा था। बस मेरे मुंह से यही निकला, वाह, आज मजा आ गया। इस पर तुम्हारी अंकिता दीदी चिढ़ गई। मुझे खा जाने वाली नजरों से देखने लगी और बोली

आप डॉक्टर हैं या मसखरे। इसीलिए आपकी प्रैक्टिस नहीं चलती।

अंजिता : अच्छा ऐसा बोली आप से। बदतमीज लड़की। छोटे-बड़े का लिहाज नहीं। तब आपने डांटा नहीं।

डॉ. मदान : डांटता खाक, अपनी बच्ची के तमतमाए चेहरे को देख कर और हंसी छूटने लगी। मैंने यही कहा कि तुम्हारी ही तरह बहुत से लोग फोकट का मरीज ले आते हैं। तब बेटी तुम ही बताओ हमारी प्रैक्टिस कैसे चलेगी। यह तो है ही कॉम्पलीकेटिड केस। इतना सुनते ही उसके होश उड़ गए। गिड़गिड़ाने लगी, सॉरी अंकल। आप हमारा भट्ठा बिठवाएंगे।

अंजिता : (हंसती हुई) ठीक। जैसे-जैसे नाटक के दिन पास आ रहे हैं, उन लोगों का दिमाग खराब होता जा रहा है। फिर?

डॉ. मदान : मैंने... तुम्हारी... बुआ को तीन कप चाय बनाने को कहा तो बोली यह ऐक्टर भी चाय पीता है। मैंने उत्तर दिया, ऐक्टर होने पर भी यह मनुष्य है। ऐसे में हम ठंडा गर्म पीने की इजाजत नहीं देते। हां, और पांच रोज तक यह मुंह से एक शब्द भी नहीं निकालेगा बस पहले ही बहुत बोल चुका है।

(समवेत स्वरों से हंसी)

कृपाशंकर : तुम भी अजीब आदमी हो। किसी को क्या पता चले कि तुम सीरियसली कह रहे हो या कि मजाक कर रहे हो।

डॉ. मदान : बिलकुल। बिलकुल यही बात तुम्हारी बेटी ने भी कही, तो उसकी बुआ, उसे अपने पास खींच कर ले गई। शांति को आपके परिवार की सब बातें पता हैं। समझाया होगा। क्या-क्या बातें हुईं, कल ही पता चलेगा।

अंजिता : (बड़ों का सा रुख करते हुए) अंकल आप भी समझाइए। पता नहीं, क्यों उसका दिमाग सातवें आसमान के ऊपर मंडरा रहा है। इस धरती के सारे लड़कों को रिजेक्ट करती रहती है। उस दिन उसी के सामने मैंने आपको विस्तार से बताया था न। तब तो हमारे साथ वह भी हंसने लगी थी।

डॉ. मदान : (याद करते हुए) हां, हां पतलचू, मोटू... मजा आ गया था। **(हंसने लगते हैं)**

कृपाशंकर : (निराश भाव से) डॉक्टर, तुम कैसे आदमी हो। तुम्हें भी

मजे आ रहे हैं। तुम समझते क्यों नहीं। इसमें आफत तो मेरी है।

डॉ. मदान : कहते तो सच हो। लेकिन इसमें कुछ किया नहीं जा सकता। हम सबके हिसाब से यह गलत है। उसकी शोखी है। अनुत्तरदायित्व है। आपके लिए प्रॉब्लम को बढ़ाना है। अगर इसे फतूर मान लें, तो भी आसानी से उसकी मनोदशा को बदला नहीं जा सकता।

अंजिता : अंकल आप तो अब मनोविश्लेषण प्वाइंट पर आ उतरे। जिसे भी मौका मिले, अपना ज्ञान दर्शाना शुरू कर देता है।

कृपाशंकर : तुम भी अंकल से वैसे ही बात करने लगीं। थोड़ा तो छोटे-बड़े का लिहाज होना चाहिए।

अंजिता : ये हैं ही ऐसे।

डॉ. मदान : **(ठहाका लगाते हुए)** कृपाशंकर, तुम चुप रहो। चाचा भतीजी बात कर रहे हैं। हां, मैं कह रहा था कि हम हर बात को सिर्फ अपने नजरिए से देखते हैं और हैरान होते हैं कि इतनी मामूली सी बात, अगले की समझ में क्यों नहीं आ रही। परंतु अगला अपनी जगह मजबूर। वह कोई तर्क सुनने को राजी ही नहीं। बस मेरी मर्जी, मेरा मूड।

अंजिता : **(बीच में)** तब इसका क्या इलाज है।

डॉ. मदान : इसे मनोवैज्ञानिक कॉम्पलैक्स कहते हैं। माने उलझी हुई गांठ। जिसे खोलने सुलझाने का यत्न किया जाता है।

कृपाशंकर : सब बेकार की बातें हैं। यह हर एक का जन्मगत स्वभाव है। उसी के अनुसार सभी बिहेव करते हैं।

डॉ. मदान : शायद आप ठीक कहते हैं। गांठ हो ही नहीं, तो सुलझाएंगे किसे। आप शांत मन से उसे दो-चार रोज अपने हाल पर छोड़ दें। फिर मैं उससे बात करूंगा। तब, हो सकता है, हमारा दृष्टिकोण उसके दिमाग में फिट बैठ जाए।

कृपाशंकर : तब ठीक है। कल शाम आप बहन जी को लेकर आ रहे हैं ना।

डॉ. मदान : जी हां। पृष्ठभूमि तो तैयार हो ही चुकी है। आगे की आगे देखी जाएगी। अंधेरा हो रहा है। अब चला जाए।

(दूर से कोई फिल्मी गाना सुनाई देता है)

दृश्य : दस

(अंजिता आगे और अंकिता पीछे चल रही है।)

अंकिता : अरी अंजू, सुनो तो। तुम बहुत व्यस्त रहने लगी हो या व्यस्त होने का नाटक कर रही हो।

अंजिता : नाटक करना तो मुझे आता ही नहीं। बोलो तो।

अंकिता : आ जाएगा। मैं सिखा दूंगी।

अंजिता : मुझे नहीं सीखना। सीधे-सीधे बताओ, क्या बात है?

अंकिता : तुम्हारे बाग से लौटने से पहले कुलभूषण ने चिट लिख भेजी थी कि उसके यहां रिहर्सल करवाऊं। सो तुम्हारे लौटते ही उसके यहां चली गई थीं। रात लौट कर देखा तो तुम गजब की नींद में डूबी थीं। मैं तुम्हारे लिए पान लाई थी।

अंजिता : **(हंसती हुई)** मुंह में रख देती तो नींद में ही चबाती रहती।

अंकिता : सुबह तुम काम में लग गईं। मैंने छुट्टी ले ली कि ढंग से बात करूंगी। तभी तुम अपने कंप्यूटर कोर्स में चली गईं।

अंजिता : प्लीज सीधे प्वांइट पर आइए। अब हाजिर हूं। चलिए बैठिए।

(दोनों आमने-सामने कुर्सियों पर बैठ जाती हैं।)

अंजिता : अब फरमाइए।

अंकिता : **(सोचते हुए)** तुम मनाली चली जाओ।

अंजिता : किस खुशी में।

अंकिता : मैं नहीं जा रही। मेरा पार्ट तुम संभाल लो।

अंजिता : इस विषय में मेरी कोई रुचि नहीं है और न ही कोई प्रैक्टिस।

अंकिता : वह सब तुम मुझ पर छोड़ दो। अभी कुछ रोज बाकी हैं। स्कूल में भी तो तुम बहुत बढ़िया अभिनय किया करती थीं।

अंजिता : 'थी' का मतलब 'है' तो नहीं होता। अब मैं इसे एक वाहियात चीज मानती हूं। यह मेरा इकतरफा नजरिया हो सकता है। इसीलिए इस बात को कहती नहीं, क्योंकि देखती हूं कि बहुत सारे लोग नाटकों के पीछे पागल हैं। और इससे ऊपर मेरी स्वयं की प्यारी दीदी इसी दौड़ में शामिल है।

अंकिता : बहुत-बहुत शुक्रिया। पर सिर्फ एक बार फिर सही, मेरी

खातिर। फिर देखना, कितना अच्छा लगता है। प्लीज!

अंजिता : यह सब छोड़ो। साफ-साफ बताओ। तुम अपने बदले मुझको क्यों धकेल रही हो।

अंकिता : तुम खुद अच्छी तरह से जानती हो।

अंजिता : यह तो पलायन हुआ। तुम तो बहुत बहादुर बनती हो।

अंकिता : इसमें न तो पलायन की बात है और न....

अंजिता : **(बात काटते हुए)** देखो मुझे लफ्फाजी नहीं चाहिए। मैं छोटी जरूर हूं। नादान समझकर तुम मेरा इस्तेमाल नहीं कर सकतीं।

(एकाएक दोनों के बीच मौन छा जाता है। एकटक एक-दूसरे की तरफ देखती हैं।)

अंकिता : **(स्वगत)** हूं, यह अंजू! तो इसके भी पर निकलने लगे हैं। मुझे क्या अधिकार है, इस पर हुक्म चलाने का। **(प्रकट में)** हां अंजू, तुम्हें अपना फैसला खुद करने का हक है।

अंजिता : **(द्रवित स्वर में)** दीदी प्लीज, तुम पूनमचंदजी का प्रस्ताव मान क्यों नहीं लेतीं।

अंकिता : **(फिर से बिगड़ जाती है)** मुझे अपनी लाइफ स्पॉयल नहीं करनी। मुझे अपना जीवन कैसे जीना है, इसे मैं अच्छी तरह से जानती हूं।

अंजिता : दीदी ये चीजें फिलॉसफी में अच्छी लगती हैं। तुम और कुछ नहीं तो डैडी की परेशानी भी बढ़ा रही हो। बेटी के जवान होते ही पिता की नींद खत्म हो जाती है। सभी ऐसा कहते हैं।

अंकिता : यदि मैं भी औरों की तरह इस तरह की बातों को मानने लगूं तो मैं अंकिता कैसे हो सकती हूं। तुम शायद, इन बातों को बहुत बाद में समझ पाओगी।

अंजिता : **(जल भुन कर)** हां हां, मैं समय से पिछड़ कर चल रही हूं। और अंकिता को समझना दुनिया के लिए एक जटिल समस्या है। क्यों, यही है ना!

अंकिता : फालतू चीजों में कुछ नहीं रखा। सीधे से ... हां या...

अंजिता : **(बात काटते हुए)** मैं तुम्हारी नस-नस से वाकिफ हूं। यदि तुम भी सामान्य जनों की भांति सोचने-समझने लगो, सामाजिक नियमों का पालन करने लगो या उनमें आस्था दर्शाने लगो,

तब आप अंकिता कैसे रह जाएंगी। यही न? या कुछ और...

अंकिता : मैं कहती हूं। यह लंबा भाषण बंद करो।

अंजिता : शायद कुछ लोग हर वक्त, अपनी आइडेंटिटी को ले कर परेशान हुए घूमते रहते हैं।

अंकिता : मैं कभी परेशान नहीं होती। उबल तो तुम रही हो। देखो, मेरा स्वर कितना संयमित है।

अंजिता : खैर, तुम अपनी सनकों के साथ जियो। साथ ही, अपनी निजी पहचान को भी सजाए फिरो। क्योंकि पहचान यानी आइडेंटिटी से बढ़ कर दूसरा कोई गहना नहीं होता।

अंकिता : **(हाथ ऊपर उठाते हुए)** बस बस मेरी बच्ची बस। बहुत हो लिया। बच्ची हो कर बड़ी बूढ़ियों की तरह बातें करना शोभा नहीं देता। अभी बहुत उम्र पड़ी है जब बूढ़ी हो जाना, तब पोपले मुंह से यह अमृत वाणी छिड़कती फिरना।

(अंजिता गुस्से से भर कर अपने कमरे की तरफ बढ़ जाती है। अंकिता, उसे एकटक देखती रह जाती है। बहुत देर तक चुपचाप सोचती दिखाई देती है। फिर एकाएक खड़ी हो जाती है।)

अंकिता : **(स्वगत)** ओह, इस तरह तो पूरा खेल ही बिगड़ गया। यदि इस प्रकार से मैंने हर बात मान ली तो मैं अंकिता कैसे हुई। आई हैव स्टिल सेंस ऑफ रियलाइजेशन एंड रिस्पांसिबिलिटी। आखिर मैंने निर्देशक महोदय को वचन दिया है। देखती हूं। **(प्रकटतः ऊंचे स्वर में)** अंजू, अंजू मेरी गुड़िया बहन। तू तो सचमुच रूठ गई। सोने का नाटक करने लगी। जरा इधर तो आओ।

कृपाशंकर : **(अपने कमरे से)** अंजू, किधर हो।

अंजिता : **(दूर से पदचाप)** आई डैडी । अभी आ रही हूं।

अंकिता : **(स्वगत निराश भाव से)** अरे, अरे मेरी आवाज को अनसुना कर, अंजू तो डैडी के कमरे में चली गई। ओफ् **(माथा पकड़ कर नीचे बैठ जाती है)**

(कृपाशंकर पलंग पर, अधलेटे पोज में। सामने कुर्सी पर अंजिता बैठी है।)

कृपाशंकर : देखो, मैंने पूनमचंद जी को यह खत लिख रखा है।

अंजिता : लाइए देखूं। **(धीमी आवाज में पढ़ती है)** मैं शर्मिंदा हूं। दरअसल अंकिता चाहती है कि वह अपने महकमे में पहले कुछ प्रमोशन प्राप्त कर ले। और रंगमंच की दुनिया में भी थोड़ा नाम कमा ले। इसलिए वह फौरन गृहस्थी में नहीं फंसना चाहती। आप तो जानते ही हैं, **(पत्र पढ़ना छोड़कर)** डैडी, आप अभी यह लेटर पोस्ट न करें। मैं थोड़ी कोशिश कर के देखती हूं। शायद सीधे रास्ते पर आ जाए। उसका एक दांव मेरे पास फँसा हुआ है।

कृपाशंकर : **(आश्चर्य से)** दांव? कौन सा दांव।

अंजिता : वह चाहती है, उसकी जगह मैं मनाली जाकर उसका रोल निभा आऊं... **(रुककर सोचती हुई)** है तो यह टेढ़ी खीर... फिर भी देखिए। मैं कोई शर्ततो रख ही सकती हूं।

कृपाशंकर : कुछ नहीं होने का। वास्तव में ही वह एक टेढ़ी खीर है। अब पता चला, क्यों वह तुम्हारे आगे पीछे घूम रही थी, तुमसे लाड़ लड़ा रही थी। खैर एक-दो दिन और सही। लेटर रोक देता हूं। डॉ. मदान और उनकी बहन ने भी समझाया होगा। वे लोग आने वाले होंगे। चलो, उनसे भी विचार-विमर्श हो जाएगा **(ठंडी आह भरते हुए)** हे भगवान, इस लड़की को सद्बुद्धि दे।

(थोड़ी देर में दरवाजे पर पदचाप सुनाई देती है।)

अंकिता : मे आई कम इन...अगर आप लोग डिस्टर्ब फील न करें। मेरा मतलब है, अगर कोई गुप्त मंत्रणा न चल रही हो।

अंजिता : **(गंभीर स्वर में मजाक)** इसे कहते हैं प्रॉपर मैनर्स। वेल विहेवियर विद् फादर एंड...यंगर सिस्टर।

अंकिता : **(चंचलता से)** देखिए डैडी, अंजू मुझे चिढ़ाने पर तुली हुई है।

अंजिता : नो, नॉट एट ऑल। मैंने तो ऐसा कुछ नहीं किया।

अंकिता : डैडी, आप इसे समझाइए न। मेरी खातिर अबकी यही मनाली चली जाए। इसे पूरी प्रैक्टिस करवा दूंगी।

कृपाशंकर : तुम स्वयं क्यों डर रही हो।

अंकिता : यह बात नहीं। आकाशवाणी में इधर बहुत से म्यूजिक कंसर्ट होने से बहुत व्यस्त हो गई हूं। छुट्टी भी नहीं मिलेगी।

कृपाशंकर : **(गंभीरता से गर्दन हिलाते हुए)** हूं ... देखो अंकू! मैंने तुम्हारे सब मामलों में हस्तक्षेप करना छोड़ रखा है। तब अंजू को भी क्यों किसी बात के लिए बाध्य करूं? समझ रही हो ना? तुम दोनों की बातें तुम दोनों जानो। मैं बीच में नहीं पड़ता।

अंकिता : आप दोनों को धन्यवाद। **(स्वगत)** इस तरह से ये दोनों मिलकर मुझ पर दबाव बनाना चाहते हैं। ऐसे में मैं अगर लुढ़क गई, तब मैं अंकिता ही कैसे हुई।

(सब के चेहरे गंभीर हैं। गहरी सोच में डूबे दिखते हैं। तभी डॉ. मदान तथा उनकी बहन शांति का प्रवेश।)

कृपाशंकर : **(तत्काल चेहरे के भाव बदलते हुए उठ खड़े होते हैं जोश से)** आइए, आइए, मदान साहब। बहन जी, बड़ी कृपा की। स्वागत है।

अंकिता, अंजिता : **(उठ कर)** नमस्कार अंकल, नमस्ते बुआ।

शांति : **(हाथ ऊपर उठाते हुए)** सुखी रहो। खुश रहो। **(कृपाशंकर की ओर हाथ जोड़ते हुए)** कैसे हैं आप भाई साहब?

कृपाशंकर : बहुत बढ़िया। बैठिए न, प्लीज!

अंकिता : अंकल, आपका धन्यवाद। ठीक समय पर आकर वायदा पूरा किया।

कृपाशंकर : हम पुराने लोग ठहरे। वक्त और जबान के पाबंद।

डॉ. मदान : जरा सी देरी करता तो एक के बाद एक मरीज घेरता रहता। हां बेटी अंकिता, कैसी हो? नहीं नहीं। तुम नहीं, तुम्हारा ऐक्टर हीरो कैसा है? बोलता तो नहीं?

अंकिता : आप भी बड़े वो हैं। उसको चाय तक न पीने दी। उसके सामने हम चाय पीते रहे और वह बेचारा तरसता रहा।

डॉ. मदान : अच्छा, अब तुम सबके सामने बोल कर दिखाओ, वह कैसे बोल रहा था—मैं थी ताए झिंअंडा...। चीखता और अटक जाता। क्या तुम उसे लेकर मेरे घर पर ड्रामा दिखाने आई थीं। **(हंसते हैं)** अंकिता यह तुमने उसके साथ अच्छा नहीं किया।

अंकिता : अब आप मुझे यहां भी छेड़ने चले आए। मैं क्या करती। उसका रोल ही कुछ ऊंचा बोलने का है। वह ज्यादा ही जोश

में आ गया। अपना भट्ठा बिठा लिया। ऊपर से आप भी हमारा भट्ठा बिठाने को तुल गए।

डॉ. मदान : मैं? भला मैं कैसे?

कृपाशंकर : मदान साहब आप भी बच्चे बन जाते हैं। पता है, उलझ किसके साथ रहे हैं। बहन जी आई हैं। हमें इनका कुशलक्षेम पूछने दीजिए।...भई, कुछ खाने-पीने का प्रबंध करो।

अंजिता : सब तैयार है। पहले सबको कोल्ड ड्रिंक पिलाऊंगी। खाते भी रहें। बातें भी होती रहेंगी। अच्छा बुआ, कल हमारी दीदी के साथ खूब रौनक रही होगी।

शांति : अंकिता बेटी ने सब बताया ही होगा।

अंजिता : हमारी दीदी महान हैं। एक साथ कई-कई मोर्चों पर लड़ती हैं। इन्हें कहां फुर्सत बात करने की।

अंकिता : **(किंचित रोष से)** फुर्सत? बताऊं फुर्सत किसे नहीं है, ढंग से बात सुनने की भी। सब अपने में खोए हुए हैं। अपनी-अपनी समस्याओं में डूबे। और बताऊं?

शांति : शांत शांत। छोटी बहन से यूं नहीं उलझते।

डॉ. मदान : तुम जरा चुप रहो। बच्चे लड़ते-झगड़ते, एक-दूसरे को चिढ़ाते खिझाते, अच्छे लगते हैं।

शांति : ताकि आपका मुफ्त में ही मनोरंजन हो जाए। सिनेमा नाटक के पैसे बचें। बच्चों को लड़ाकर तमाशा देखते हैं। कौन मानेगा कि आप शहर के एक मशहूर डॉक्टर हैं।... तमाशबीन मुफ्तखोर...।

डॉ. मदान : क्या मुझे इस कदर कंजूस समझ रखा है। मैं इन दोनों बच्चियों को सौ-सौ रुपए देता हूं। **(पर्स निकालने का अभिनय करते हैं)**

कृपाशंकर : वाह! मान गए तुम्हें। दूसरों को लड़वाकर मनोरंजन टैक्स पे करोगे। समझ रही हो मेरी बच्चियो। इस जालिम डॉक्टर से जरा बच कर रहना।

अंकिता : हां डैडी, बजाए कुलभूषण का इलाज करने के, उससे बार-बार बुलवाते रहे। उसकी चीखती और तुतलाती आवाज पर दिल खोल कर ठहाके लगाते रहे...

डॉ. मदान : अहा, **(ठहाका)** मजा आ गया।

कृपाशंकर : देख रही हो ना शांति बहन। इसका बचपना कभी नहीं जाएगा। हां, आप ही कुछ सुनाइए।

शांति : यह अपनी अंकिता बेटी तो वास्तव में प्रबुद्ध है। हर नए-पुराने विचार की गहराई तक जाती है।

अंजिता : बुआ ठीक कहती हैं। दीदी के पास किसी भी विषय को लेकर नई व्याख्याएं, नई परिभाषाएं हैं।

शांति : तुम्हारा कहना सही है। किन्तु मात्र नई व्याख्याओं से भी हमारा काम चलने वाला नहीं। मूल रूप से, कोई भी शास्त्र या दर्शन, हमारे रोजाना के जीवन पक्ष से विमुख होकर कैसे अपनी उपस्थिति और उपादेयता दर्शा सकता है। इसीलिए मैंने निवेदन किया था कि तुम्हारा पहला कर्तव्य, पिता को उसकी जिम्मेदारी से मुक्ति देना है। तो इसने उत्तर दिया कि नए समय में हमारी भावनाओं और मान्यताओं में जो अंतर आया है, मैं उसे ही समय का सच कहती हूं। उसी के अनुरूप यदि बड़े भी अपने दृष्टिकोण में थोड़ा बदलाव ले आएं, तो फिर किसी के सामने कोई समस्या नहीं होगी।

अंजिता : थोड़ा दिमाग पर जोर दीजिए! है ना शानदार फिलॉसफी। तब?

शांति : मैं बोली, बेटी! पलक झपकते ही हम न तो योरोपियन देशों में पहुंचकर उन जैसा आचरण कर सकते हैं और न ही अपनी सदाशयता, या संस्कारों या जड़ों से कटना हमारे लिए हितकर है।

अंजिता : **(चंचल व उत्सुकता से)** थैंक्यू बुआ! वैरी नाइस ऑफ यू। फिर दीदी क्या बोली?

शांति : लाजवाब जवाब कि हम किसी भी समाज की जीवन-शैली, कभी एक ढर्रे पर ही स्थिर नहीं रह सकती। स्थिर यानी रूढ़ि, इससे कोई समाज उन्नतशील नहीं हो सकता। सड़े-गले मूल्यों में सड़ांध पैदा होने लगती है। तब नए मूल्यों का उद्‌भव होता है।

अंजिता : यह आप बोल रही हैं या अंकिता की वकालत कर रही हैं। आप अपनी सोच बताएं।

शांति : मैं असहमत नहीं हूं। बस मैंने इतना भर जोड़ दिया कि

परिवर्तन शैली किसी भी समाज की आंतरिक प्रक्रिया होती है, जो बहुत धीरे-धीरे अपनी पृष्ठभूमि सहित अपना स्थान ग्रहण करती है।

अंजिता : ठीक। यही तो मैं भी दीदी से कहती हूं कि सबकी तरफ देखकर आगे बढ़ना पड़ता है। कहीं तुम्हारे चलने से कोई दूसरा चोट न खा जाए या दूसरों से टकराकर हमीं न लड़खड़ा जाएं। बड़ों की भावनाओं का ध्यान बच्चे ही तो रखेंगे।

अंकिता : मैं इन सब बातों को समय सापेक्ष मानती हूं।

कृपाशंकर : **(डॉ. मदान का कंधा थपथपाते हुए)** कहां खो गए। यहां तो तीन-तीन दर्शन शास्त्री इकट्ठे हो गए हैं। इनके चंगुल से निकलकर तुम्हें किसी होटल से कुछ खिला लाता हूं। ये लोग फकत बातों से हमारा पेट भरना चाहते हैं।

डॉ. मदान : हां भई कृपाशंकर, मुझे इसमें किसी गहरे षड्यंत्र की गंध आ रही है।

(समवेत ठहाका)

अंकिता, अंजिता : **(एक साथ उठती हुई)** बहुत कुछ बना है। होटल वाले पैसे आप हमें दे दें।

डॉ. मदान : **(ठहाका)** वास्तव में हमें इस युवा पीढ़ी से बहुत कुछ सीखना है।

कृपाशंकर : मैं भी स्वतंत्रता और स्वच्छंदता का मौलिक अंतर जानना चाहूंगा। जब इनसे कुछ कहो तो हमारी बातों को रटी-रटाई बातें और अपनी मर्जी दूसरों पर लादने जैसे इल्जाम हम पर लगा देते हैं।

डॉ. मदान : फिर कहां उलझने लगे। पहले पेट भर लो नहीं तो...

अंकिता : **(मेज पर प्लेटें रखती हुई)** जी हां, पहले ये चीजें खत्म कीजिए। फिर चाय भी मिलेगी। साथ ही नए विचार भी।

डॉ. मदान : **(प्लेट से समोसा उठाते हुए)** विचारों के तालमेल की तरफ भी ध्यान देना पड़ता है। नहीं तो ट्रेन आउट ऑफ ट्रैक चली जाती है। नतीजा आप जानते हैं। एक्सीडेंट यानी टकराव।

अंजिता : अंकल, मेरी प्यारी दीदी मुझे आउट ऑफ ट्रैक करना चाहती है। चाहती है, उनकी जगह मैं मनाली चली जाऊं।

शांति : तो चली जाओ ना बेटे। बड़ों का कहना मानना चाहिए।

अंजिता : तब तो यह थ्योरी सभी पर लागू होनी चाहिए।

डॉ. मदान : यकीनन, यह हमारी भारतीय परंपरा हैं, बड़ों का आदर सत्कार, आज्ञापालन...।

अंकिता : **(डॉ. मदान की ओर आंखें फाड़ कर देखते हुए)** मैं इन रटी-रटाई बातों को विशेष महत्त्व नहीं देती। बड़े अपनी जगह पर, छोटे अपनी जगह पर। दोनों के सोचने-विचारने के नजरिए को बराबर महत्त्व मिलना चाहिए।

(कुछ क्षणों के लिए सब कुछ स्थिर, जैसे सभी पर अंकिता छा गई है।)

डॉ. मदान : **(गंभीरता से)** नए विचारों का पहले विरोध होता ही है। फिर भी यह तो सोचना ही होगा कि हम सभी की अपनी-अपनी मर्जी एक साथ कैसे चलेगी। क्या इससे पारिवारिक संरचना में दरारें नहीं पड़ेंगी।

अंकिता : **(थोड़े विचलित स्वर में)** नहीं, नहीं, मैं सुलह सफाई की बात को एकदम नकार तो नहीं रही हूं।

डॉ. मदान : अंकू बेटी, हम भी तो तुम्हारे विचारों को नहीं नकार रहे। हां अगली बैठक हमारे यहां पर होगी। जब सुविधा हो, सबको लेकर, बिना चेतावनी दिए,चली आना **(ठहाका)** अब चलते हैं।

(उठ खड़े होते हैं। साथ में शांति। सभी उन्हें छोड़ने दरवाजे तक जाते हैं।)

दृश्य : ग्यारह

(रात घिरने को है। आंगन में अंकिता और अंजिता कभी धीरे-धीरे टहलती, रुकती दिखाई देती हैं। चुपचाप सोचने की मुद्रा में)

अंजिता : **(स्वगत)** रस्सी जलकर भी अपना जलवा दिखाती है। मात्र अंकिता बने रहने की जिद। देखो तो, चुनौतियों, संघर्षों का सामना करते-करते चार दिनों में ही कैसा चेहरा निकल आया है। लेकिन आगे बढ़ कर पहल नहीं करेगी। तो क्या मुझे भी अंजिता बने रहना चाहिए। मुझे तो अपनी दीदी पर तरस आता है। **(प्रकटतः)** दीदी, दीदी, सुनो, अभी-अभी मैं और डैडी जब सैर से लौट रहे थे, तभी रास्ते में भानुनाथ जी दिखलाई दिए थे।

अंकिता : **(घूरते हुए, तटस्थ भाव से)** हूंऽ **(धीरे से)** अच्छा तो लौट आए।

अंजिता : हां, यही बताया कि आज ही लौटे हैं। फिर मेरी ओर बढ़कर पूछने लगे कहो, तुम्हारी रिहर्सल कैसी चल रही है।

अंकिता : हूंऽ।

अंजिता : मैं सोच में पड़ गई। क्या उत्तर दूं? तो बोले, तुम्हीं तो मनाली चल रही हो न। तब मैंने कह दिया अभी कुछ तय नहीं है। यह सुनकर वे परेशान हो उठे। बोले, जरा अंकिता को भेजना। बहुत थोड़े दिन बचे हैं। या फिर देखो, मैं ही तुम्हारे घर आ जाता हूं।

अंकिता : **(परेशानी से)** हूंऽ।

अंजिता : **(प्यार से)** परेशान मत हो। मैं आज से तैयारी शुरू कर देती हूं।

अंकिता : **(रूखे स्वर में)** मुझे किसी का अहसान नहीं चाहिए। मनाली न जाना, तुम्हारा भी अधिकार है।

अंजिता : यदि सभी लोग, अपने-अपने अधिकारों की ही दुहाई देने लगें, तो परस्पर सहयोग की परिकल्पना ही समाप्त हो जाएगी।

अंकिता : इससे बेहतर तो मैं खुद चली जाऊंगी। पर मैं पूनमचंद एण्ड पार्टी को कोई लिफ्ट देने के हक में नहीं हूं। पर...पर **(स्वगत)** लेकिन भानुनाथ जी से मैंने ही तो कहा था, अंकिता के 'न' का मतलब 'न' ही होता है।

अंजिता : दीदी, फिर से किस सोच में पड़ गई।

अंकिता : वहां मुझे पूनमचंद, नेमीचंद खा तो नहीं जाएंगे।

अंजिता : देखो दीदी, यदि तुम तनाव मुक्त हो कर चली जाओ, तब तो मुझे खुशी ही होगी; वरना जब तक तुम आराम से लौट नहीं आतीं, तब तक मैं परेशान और उदास होती रहूंगी।

अंकिता : अंजू, मेरी प्यारी अंजू **(गले लगाती है)** ऐसे भावुक बनने से कोई काम नहीं होता।

अंजिता : क्या करूं, अपना-अपना नेचर है।

अंकिता : पर इसके साथ तुम कोई शर्त तो नहीं रखोगी।

अंजिता : मैं छोटी हूं। तुम चाहे नहीं मानो। मैं यह मानती हूं कि छोटे होने के नाते शर्त रखने का मुझे अधिकार नहीं है और न ऐसी कोई आदत ही है। फिर भी न चाहते हुए भी मुंह से निकल ही जाता है कि एक सुंदर सलोना युवक तुम्हारे पास खुद चल कर आया है, तो उसे क्यों ठुकरा रही हो?

अंकिता : लगता है, तुझे वह भा गया है।

अंजिता : जो सच है, सो है।

अंकिता : **(मजाक में हाथ उठाती हुई)** सचमुच ऐसी बात है, तो तू ही ट्राई कर आ न। बहाना भी अच्छा है।

अंजिता : मुझे शटअप कहने पर मजबूर मत करो। बड़ी को छोड़, पहले छोटी की शादी करने का प्रचलन नहीं है। कोई बाप ऐसा नहीं करता।

अंकिता : ओए होए... बात अगर ऐसी है, तो तुम फिर बैठी ही रह जाओगी। क्योंकि, मेरा कोई भरोसा नहीं। इधर तुम्हारी दिक्कतें मुझसे छिपी नहीं हैं। पूरे अठारह पार कर गई हो।

अंजिता : ऐसी हल्की बातें तुम्हें शोभा नहीं देतीं। तुम मेरी दिक्कतें छोड़ो। अपनी दिक्कतें भी छोड़ो। हां, डैडी का ख्याल कर लो, बस। इतना तो तुम भी चाहती होंगी कि डैडी ज्यादा परेशान न हों। **(धीमा स्वर)** शायद डैडी छत से नीचे आ रहे

हैं।

कृपाशंकर : **(दूर की आवाज)** क्या चाय-वाय भी मिलेगी या डायरेक्ट खाना?

(दरवाजा बजने की आवाज)

अंकिता : कौन? **(दरवाजा खोलती है)** नमस्कार भानु जी, स्वागत है। अभी-अभी अंजू ने बताया, आप आ गए हैं। बैठिए **(कुर्सी खींचती है।)**

भानुनाथ : हां, आज ही लौटा हूं। थोड़ा थका हुआ हूं। जल्दी से सोना भी चाहता हूं। पर सोचा, तुम्हारा इंतजार करने के बजाए, खुद ही जा कर पोजीशन लेता आऊं। **(जरा चिंतित भाव से)** अंजिता से मालूम हुआ कि वह रिहर्सल में शामिल नहीं है।

अंकिता : **(चिंतित और मौन। फिर धीरे-धीरे खुलती है)** जब आपने मुझ पर डाल दिया है देन इट्स माई प्रॉब्लम एंड रिस्क ऑल्सो।

भानुनाथ : किसी जवाबदेही से मैं भी तो नहीं बच सकता न। सुना है, कुलभूषण का गला खराब हो गया है।

अंजिता : डाक्टर साहब ने बताया है, एक-दो दिनों में ठीक हो जाएगा। अच्छा सर, अपना प्रोग्राम स्थगित नहीं हो सकता?

भानुनाथ : असंभव **(अंगड़ाई लेते हुए)** हमारी अकेली तो नहीं, कई नाटक मंडलियां वहां पर पहुंचेंगी। प्रतियोगिता जो है।

अंजिता : हम लोगों के नाटक को अंतिम दिनों के लिए रख लें, तो हमें कुछ और समय मिल जाएगा।

भानुनाथ : हां, इसका प्रयास किया जा सकता है। तो क्या तुम तैयार हो अंजिता?

अंजिता : कोशिश करके देखती हूं।

कृपाशंकर : **(प्रवेश)** ओह, ये लड़कियां आपसे फकत बातें किए चली जा रही हैं। भई, चाय-वाय भी तो पूछो इनसे। हम तो ऊपर छत पर बैठे चाय का इंतजार ही करते रह गए। अब तो मिलेगी न। **(हंसते हैं)**

अंकिता : मैं लाती हूं। आप लोग बातें करें।

भानुनाथ : कृपाशंकर जी ! देखा आपने, अबकी अंजिता बेटी हमारे साथ चलेगी। आपकी दोनों ही बेटियां टेलैंटेड हैं। अंकिता को भी

हम किसी भी कीमत पर खोना नहीं चाहते।

अंजिता : **(पुलकित स्वर में)** दीदी की इस प्रशंसा के लिए मैं आपको धन्यवाद देती हूं। मुझे अपनी दीदी की प्रतिभा पर गर्व है।

अंकिता : **(चाय की ट्रे रखते हुए)** यह बेकार की बातें छोड़ें। कृपया चाय लें।

भानुनाथ : **(प्याला उठाते हुए भावुक स्वर में)** कृपाशंकर जी ! मेरे बाल सफेद होने को आए। इन बहनों का प्रेम, शालीनता और प्रतिभा किसी से छिप नहीं सकती। ईश्वर इन्हें बड़ी लंबी आयु दे।

कृपाशंकर : धन्यवाद । आप धुन के धनी हैं। मुझे शुरू से ही ऐसे आदमी अच्छे लगते हैं।

भानुनाथ : आपका आशीर्वाद चाहिए। बस। **(उठते हुए)** अब चल कर आराम करूंगा। **(अंजिता की ओर मुड़ते हुए)** हां तो बेटे, बहन के निर्देशन में अब काम में जुट जाओ। अब खोने के लिए अपने पास एक मिनट भी नहीं है। अंकिता, अब तुम्हारी परीक्षा की घड़ी आ गई है। हां, ऊपर से मैं देखभाल करता रहूंगा।

अंकिता, अंजिता : **(सिर हिलाते हुए)** जी सर।

(भानुनाथ का प्रस्थान)

दृश्य : बारह

(बड़े डाइनिंग टेबल के चारों ओर, पूनमचंद, नेमीचंद, भानुनाथ और अंजिता बैठे हैं।)

पूनमचंद : **(सबकी ओर लक्ष्य करते हुए)** तो अब खाना शुरू किया जाए।

नेमीचंद : इन सबसे मिलवाने के लिए मैंने अपने परम मित्र ब्रजेश को भी न्योता दिया है। आता ही होगा।

भानुनाथ : **(जरा सोचते हुए)** यह वही ब्रजेश तो नहीं, जिन्होंने पांच साल पहले लुधियाना में एक कमेटी प्ले में पार्ट किया था।

नेमीचंद : आपको याद है, इतनी पुरानी प्रस्तुति। मैं भी तो साथ में था।

भानुनाथ : बिलकुल। हम आपको भी जानते हैं। आपको दूसरा और उन्हें प्रथम पुरस्कार मिला था।

नेमीचंद : कमाल है। मगर आपसे हमारा परिचय तो हुआ नहीं था।

भानुनाथ : बस ऐसे ही... मैं निर्णायक मंडल में चुपचाप बैठा रहा था। और फौरन उठ कर चला गया था। गाड़ी पकड़नी थी। फिर यदा कदा आप लोगों के बारे में पढ़ता भी रहा था। इसके बाद कुछ खबर नहीं।

नेमीचंद : आप सच कहते हैं। हम लोग तो मौसमी कलाकारों की तरह थे। किसी ने अगर डोज दे दिया तो थोड़ा सक्रिय हो लिए। फिर ठप्प। असल में, ब्रजेश तो फौरन बाद ब्राजील चला गया था। उसके बिना, मैंने स्टेज छोड़ दिया और फिर अपने इंजीनियरिंग कोर्स में रात-दिन एक करना पड़ा। वही बात कि डोज...

(तभी ब्रजेश का प्रवेश)

ब्रजेश : **(सब की ओर, विशेष रूप से भानुनाथ की ओर हाथ जोड़ता हुआ)** सबको नमस्कार। माफी चाहता हूं। थोड़ा लेट हो गया।

पूनमचंद : अरे कोई बात नहीं बेटे। बैठो।

नेमीचंद : **(कुर्सी बढ़ाते हुए)** इन दोनों से तुम तो **(भानुनाथ तथा अंजिता की ओर इंगित करता है)** परिचित हो ही **(दूसरी ओर देखते हुए)** यही हैं मेरे परम मित्र ब्रजेश बिग पर्सनैलिटी।

ब्रजेश : जी मैं ब्रजेश हूं। सिर्फ ब्रजेश। हां तो, क्या बातचीत चल रही थी। मेरे आने से बीच में रुक गई।

नेमीचंद : येस। बताता हूं। पहले भानुनाथ जी का धन्यवाद तो करें। इतने बड़े कला मर्मज्ञ ख्याति प्राप्त निर्देशक, हमारे गरीबखाने पधारे हैं। इससे बढ़कर, ब्रजेश। तुम सुनकर फूल जाओगे कि ये आप हम दोनों को भी जानते हैं। हालांकि जमाना बीत गया, हमें स्टेज छोड़े हुए और अब जमाना ऐसा आ गया है

कि थोड़ा सा भी रुतबा पाते ही कोई किसी को जान कर भी न जानने का ढोंग करता है।

ब्रजेश : भानुनाथ जी का नाम इसीलिए तो आदर से लिया जाता है कि अपनी सादगी और साधना से कई कलाकारों को शिखर तक ले गए हैं। भानुनाथ जी! हमारे अनुरोध को स्वीकार कर यहां आने के लिए हम सब आभारी हैं।

भानुनाथ : **(हाथ के इशारे से)** बस, रहने दें ये सब बातें। **(अंजिता की ओर देखते हैं)**

पूनमचंद : **(कान पर हाथ रखते हुए)** मैं आप सबकी बातें समझ रहा हूं। वास्तव में पहले अंजिता बिटिया को धन्यवाद दो, जो हमारी खातिर नाटकों की समाप्ति पर दो रोज के लिए ही सही, हमारी अतिथि बनी। और इसी बहाने, भानुनाथ जी ने हम लोगों पर कृपा की।

भानुनाथ : क्यों शर्मिंदा करते हैं। जिसका जहां का जितना अन्न जल लिखा होता है...।

ब्रजेश : यह सिर्फ आपकी शालीनता है। हां तो नेमी, तुम क्या बता रहे थे?

नेमीचंद : यही कि हम दोनों मित्र ऐसे कलाकार हैं, जो कभी-कभार किसी अनुभवी की अंगुली थाम कर कुछ कर लिया करते हैं। वरना...बस।

अंजिता : **(जैसे एकाएक चौंककर)** येस, आई एम ऑल्सो वन ऑफ दैम, आइ लाइक यू।

नेमीचंद : नो, नो। नॉट एट ऑल। हम दोनों मित्रों ने घंटों नाटक ध्यानपूर्वक देखे हैं। आप तो जन्मजात कलाकार हैं। क्यों भानुनाथ जी।

भानुनाथ : तभी तो फर्स्ट प्राइज पा गई।

अंजिता : **(शर्माती हुई)** इसे आपकी मेहरबानी कहूं या बाई चांस। **(हंसती हुई)** प्राइज तो हमारे कुलभूषण को भी मिल गया, जिसकी आवाज के बारे में हम सोचते थे कि यह तो हम सबका भट्ठा बिठा देगा।

भानुनाथ : **(हंसते हुए)** यह भी खूब कही। उसी की खरखराती हुई आवाज ने जैसे सब पर जादू कर दिया। कभी-कभी कोई

चीज चांस भी बन जाती है। लेकिन यकीन मानो, तुम्हारा अभिनय, सभी की राय में, उत्कृष्ट था।

पूनमचंद : कुछ समय पहले, हमारा, इनके यहां जाना हुआ था। दोनों ही बहनें, प्रतिभा सम्पन्न हैं।

अंजिता : अंकल प्लीज। मेरी बराबरी दीदी से मत कीजिए। शी इज रियली ग्रेट। उनकी थिंकिंग एकदम मॉडर्न है, फिलॉसॉफिकल। और उन्हें समझना भी आसान नहीं।

ब्रजेश : **(प्रभावित होते हुए)** रियली सो। तब तो उनसे जरूर मिलना चाहिए। पहले से बने-बनाए ढर्रे से हट कर अपनी अलग सोच रखने वाले लोग ही अपनी पहचान बनाने में कामयाब होते हैं।

पूनमचंद : **(कान पर हाथ रखते हुए)** बातों से पेट नहीं भरेगा भाई, मेहमानों को कुछ खाने को भी दो।

भानुनाथ : आप सही कह रहे हैं। ये लोग कभी प्रशंसा से तो कभी विचारों की खुराकों से हमारा पेट भरना चाहते हैं। सामने इतना कुछ सजा रखा है कि देख-देख कर मुंह में पानी आ रहा है। शुरू कीजिए।

(अंजिता खाने से पूर्व आंखें बंद कर प्रार्थना में होंठ हिलाती है।)

पूनमचंद : यह बहुत ही प्यारी बच्ची है। इसे कहते हैं अपनी जड़ों से जुड़े रहना ।

(अंजिता सभी की थाली-प्लेटों में खाना परोसती है। सभी अपनी-अपनी ओर प्लेटें सरकाकर खाना खाने लगते हैं। साथ ही बातों का सिलसिला जारी है।)

ब्रजेश : **(पूनमचंद की ओर देखते हुए)** अंकल, जड़ों को थामे रहना एक अलग बात है। देखा जाए तो नई राहों की तलाश ही आज के मानव समाज के लिए बड़ी चुनौती है। और यही हमें आगे की ओर ले जाती है। जड़ें क्या एक ही जगह के इर्द-गिर्द चक्कर कटवा कर हमें एक सीमित दायरे में उलझाए या बांधे नहीं रखतीं?

पूनमचंद : अच्छा, अब आप ही समझाएं भानुनाथ जी।

भानुनाथ : ठीक है, परंतु यह भी सोचने की बात है कि अपनी परंपरा, संस्कारों और जड़ों से विलगा मनुष्य की स्थिति कैसी होगी। क्या वह अधर में झूलता सा दिखाई नहीं देगा?

ब्रजेश : फिर भी मैं उन्मुक्त एवं स्वच्छंद राहों में नवीनता खोजने का पक्षधर हूं। बेशक इसमें थोड़ा जोखिम हो सकता है। किंतु इसमें जो एडवेंचर और थ्रिल है, मैं तो उसी में अपने जीवन की इकाई और सार्थकता पाता हूं।

अंजिता : प्रश्न यह है कि जीवन की कौन-सी सार्थकता अथवा कौन से जीवन की सार्थकता। कहा जाता है यह जीवन बार-बार नहीं मिलता। इसलिए...

ब्रजेश : **(तेजी से)** हम लोग, मेरा मतलब, मेरे जैसे कुछ लोग, जिन्होंने कुछ समय विदेशों में गुजारा है, परलोक सुधारने की बात नहीं करते। इसी जीवन को मानते हैं और इसी में सब कुछ पा लेना चाहते हैं। क्योंकि हम लोग भी यही कहते हैं कि यह जीवन बार-बार नहीं मिलता। क्या यह जीवन-दर्शन की अलग-अलग व्याख्याएं नहीं हैं जबकि जीवन-दर्शन एक ही है।

अंजिता : मेरी दीदी अंकिता कभी विदेश नहीं गई। पर बोलती आप जैसी ही भाषा है। मैं और मेरे रास्ते।

ब्रजेश : यह अंतश्चेतना है उनकी। ऐसे लोगों को कहीं जाने की आवश्यकता नहीं होती। वे अपनी अंतश्चेतना के माध्यम से सारी सृष्टि को देख-परख लेते हैं। ऐसे प्रबुद्धजनों से मुलाकात होनी चाहिए।

नेमीचंद : बेशक इनकी दीदी बहुत प्रबुद्ध हैं, पर उतनी ही आसानी से बुद्धू भी बन जाती हैं। **(हंसता है।)**

ब्रजेश : कैसे?

नेमीचंद : बाद में बताऊंगा। अभी यहां पर उसकी पुजारन छोटी दीदी बैठी हुई हैं। नहीं तो हमें मार भी सकती हैं।

अंजिता : मारूंगी क्यों। बल्कि यह सुनकर तो अंकिता के अपने मिशन के प्रति समर्पण का पता चलता है। कैसे वह अपने काम में दिन-रात खोई रहती है।

ब्रजेश : तब तो बता ही डालिए प्लीज!

अंजिता : हां। भला इसमें छिपाने जैसी क्या बात है। जब दीदी को पता चला कि दो व्यक्ति, यानी यह पिता पुत्र, मनाली से हमारे यहां आए हैं तो मान बैठी कि यह दोनों नाटक वाले हैं। सो इनके साथ नाटकों की चर्चा ले बैठी।

ब्रजेश : अंजिता जी सच कहती हैं। यही किसी का अपने लक्ष्य के प्रति डेडिकेशन होता है। मैं ऐसे लोगों की कद्र करता हूं। नेमी, डोंट टेक इट सो लाइट टु लाफ। हंसने की बात नहीं है यह।

नेमीचंद : **(जैसे याद करते हुए)** हा हा हा **(हंसता है)**

पूनमचंद : अजी छोड़ो यह सब। अंजिता बेटी आई है। इससे बातें की जाएं। हां बेटी, तुम्हें हमारा घर और यह प्रदेश कैसा लगा?

अंजिता : अद्‌भुत। रात देर तक घूमती रही। सुबह उठ कर नेमी जी के साथ लंबी सैर को निकल गई। यह हरियाली, ये पहाड़ियां, प्रकृति की छटा। लगता है, आदमी को यहीं आ कर बस जाना चाहिए।

पूनमचंद : पराया घर नहीं है। जब जी चाहे, पापा और बहन को भी साथ लाकर रह सकती हो। दो दिन में भी कोई सैर पूरी होती है भला। आसपास बहुत कुछ है देखने को।

अंजिता : धन्यवाद अंकल। उठें, हाथ धोएं **(उठ खड़ी होती है। साथ ही ब्रजेश, उसके करीब खड़ा हो जाता है)**

ब्रजेश : अंजिता जी! एक जिज्ञासा है। आपको हम सब बड़े ध्यान से सुनते रहे। आप जिस तरीके से अपनी दीदी को एप्रिशियेट करती हैं, वह कला तो है ही, परंतु मेरा मानना है कि कोई किसी की ऐसी प्रशंसा नहीं कर सकता, चाहे वह उसका कितना भी करीबी क्यों न हो।

अंजिता : आपका मतलब...?

ब्रजेश : जी, वही बता रहा हूं। जरूर आपको दीदी के जीवन के विशिष्ट पहलुओं ने प्रत्यक्ष अथवा अप्रत्यक्ष रूप से गहरे तक प्रभावित किया है। परन्तु शायद आप स्वयं कुछ अलग प्रकृति की हैं। नहीं?

अंजिता : मैं केवल उनके सोचने के ढंग की तारीफ करती हूं। उनके गुण अपनी जगह। इसे आप प्रभावित होना अथवा एप्रिशियेट करना कह सकते हैं।

ब्रजेश : कैसे?

अंजिता : गुणों का अर्थ, व्यक्ति विशेष की निजता से होता है। इसे मैं एक बहुत बड़ी चीज मानती हूं। दीदी इसी निजता के लिए फिक्रमंद रहती हैं। दूसरे लोग उनके क्रियाकलापों को कैसे लेते हैं, इससे उन्हें फर्क नहीं पड़ता। जाहिर है, उनके ऐसे गुण जब परिवार समाज के आड़े आएंगे तो उन्हें सराहा कैसे जाएगा। हां, अगर इस स्थिति को पूरी तरह से निष्पक्ष भाव से देखें तो... अरे हाथ तो धो आऊं **(जाती है और लौटकर ब्रजेश के करीब खड़ी हो जाती है)** आप कुछ कहने वाले थे।

ब्रजेश : धन्यवाद। मैं इन बदलते जीवन मूल्यों को समझता हूं। इन्हें एप्रिशियेट कर सकता हूं। मैं विदेशों में घूमा हूं । वहां कोई किसी के मामले में हस्तक्षेप नहीं करता। इसीलिए शायद आपकी दीदी अंकिता जी को समझने में मुझे आसानी हो।

भानुनाथ : यदि आज का विषय अंकिता ही है तो अंकिता पर भाषण प्रतियोगिता बड़े आराम से हो सकती है। भाषण क्या, अंकिता पर तो पूरा नाटक खेला जा सकता है। **(रुककर)** नहीं नहीं, नाटक खेलना बड़ा कठिन काम होगा। शी इज वेरी कॉम्पलीकेटेड कैरेक्टर... एक विवादास्पद चरित्र।

ब्रजेश : हां सिर्फ भारतीय परिवेश में। क्योंकि हमलोग, व्यक्ति विशेष को, उसके स्वतंत्र आचरण के साथ देखने के अभ्यस्त नहीं हैं।

भानुनाथ : ऑल राइट...क्षमा करें। अब हम लोगों को चलना होगा। मुझे पास के गांव में बुलाया गया है। अंजिता को भी। रात की गाड़ी से हम रवाना हो जाएंगे। आतिथ्य के लिए धन्यवाद।

(सब उठ खड़े होते हैं। एक-दूसरे को विदाई देते हैं।)

पूनमचंद : ये दो दिन बड़ी रौनक से बीते। आते रहिएगा।

भानुनाथ : जरूर। आप लोग भी।

अंजिता : अंकल आप दोनों अवश्य आइएगा। डैडी प्रतीक्षा में हैं।

पूनमचंद : पक्की बात है।

नेमीचंद : हमें तो आना ही है! हर सूरत में।

दृश्य : तेरह

(आकाशवाणी कक्ष। अंकिता रिवॉल्विंग चेयर पर बैठी हुई है। ऑफिस टेबल, फाइलों आदि से भरा हुआ है। साइड में टेलीफोन रखा है।)

ब्रजेश : **(दरवाजे से)** मे आई कम इन मैडम!

अंकिता : व्हाई नॉट। प्लीज कम एण्ड सिट डाउन। **(स्वागत में कुर्सी से जरा-सा उठती है)**

ब्रजेश : **(ब्रजेश बैठते ही पांडुलिपि आगे बढ़ाता है)** आज मेरी रिकॉर्डिंग है।

अंकिता : राइट **(पांडुलिपि लेकर कुछ धीमी आवाज में पढ़ती है)** 'आधुनिक विश्व और भारतीय परंपरा'। ओह... इंटरेस्टिंग टॉपिक ...।

ब्रजेश : आपके केन्द्र निदेशक कांति कुमुद जी से एक पार्टी के दौरान परिचय हुआ था। जब उन्हें पता चला कि मैं विदेशों में रह कर भारत लौटा हूं, तो उन्हीं ने यह शीर्षक सजेस्ट किया ताकि श्रोताओं को आधुनिक विश्व में हमारी परंपरा की स्थिति का पता चले। जैसे भी बन पड़ा, लिख लाया हूं।

अंकिता : निश्चित रूप से हमारे श्रोताओं को पसंद आएगा **(पृष्ठ पलटती है और पढ़ती जाती है)** विश्व के विकसित देश एक तरह की होड़ वाली जिंदगी जी रहे हैं। एक-दूसरे से बढ़-चढ़ कर संसार की तमाम सुख-सुविधाओं के साधन जुटा ले जाने में साधनारत हैं। इसे हम भारतवासी भौतिकवाद कहकर खारिज करते रहते हैं; हालांकि उनके द्वारा अर्जित आधुनिक सुख-सुविधाओं को हड़प लेने में हम भी पीछे नही हैं। फिर भी हम अपने को श्रेष्ठ एवं आध्यात्मिक दर्शन के पक्षधर कहते हैं। निग्रह, परिग्रह और सादगी के जीवन की महिमा गाते हैं। धर्म, नैतिकता की दुहाई देते हुए पाश्चात्य जगत को कोसते रहते हैं। सोचना होगा, इस तरह हम अपने जीवन मूल्यों पर गर्व कैसे कर सकते हैं। दिन-रात के

व्यावहारिक आचरण में हम कितने नैतिक, धार्मिक, ईमानदार हैं इसे हमसे बेहतर और कौन जानता है।...न तो हम भौतिकवादी हो पाए और न ही ... **(रुक जाती है)** खूब। चलिए पहले रिकॉर्डिंग कर लें, नहीं तो रूम घिर जाएगा।

ब्रजेश : जी, बाद में यदि आपको समय होगा तो बातें होंगी।

अंकिता : **(उठती हुई)** जरूर जरूर, चलिए **(ब्रजेश को साथ लेकर चल देती है)**

(अल्प विराम! फिर वहीं आकर आमने-सामने बैठ जाते हैं)

अंकिता : **(फाइलों, कागजों को देखती पढ़ती, ट्रे में रखती हुई)** अच्छा रहा, आज आप इसी बहाने यहां आ गए।

ब्रजेश : क्या आप मुझे यह कहने की अनुमति देंगी कि मैं आपको अच्छी तरह से जानता हूं। हालांकि आपको पहली बार देख रहा हूं।

अंकिता : **(थोड़ी सी चहक के साथ)** अंजिता, मेरी बहन...समझ गई। उसने मुझे भी आपके बारे में बहुत कुछ बता दिया था। मैं आपसे परिचित हो गई थी। आप मेरे बारे में कितना जानते हैं, यह मैं नहीं जानती। आप ही तो मनाली में मिले थे न अंजिता से।

ब्रजेश : मैं फिर से आप से यह कहने की अनुमति चाहूंगा कि तभी से, यानी जब आपकी छोटी बहन मुझे मनाली में मिली थी, तभी से मैं आपको गहराई से जानने लगा हूं। मैं वही ब्रजेश हूं, जो आपकी अनुपस्थिति में ही, अंजिता तथा भानुनाथ जी के माध्यम से आप से प्रभावित होता चला गया। इसीलिए फौरन आप से मिलना भी चाहता था।

अंकिता : तब मिले क्यों नहीं? इसी तरह अंजिता ने मुझे भी आपके बारे में बहुत सारी बातें बताई थीं और यह भी कहा था कि आप सभी हमारे यहां आएंगे।

ब्रजेश : जी हां, लेकिन तभी मैं सेकेंड टर्म में फिर से ब्राजील बुला लिया गया था। **(तभी टेलीफोन की घंटी बज उठती है।)**

अंकिता : **(चोगा उठाती हुई)** येस, अंकिता स्पीकिंग। येस येस, श्योर सर, अभी थोड़ी देर में आती हूं।

ब्रजेश : **(उठता हुआ)** आप व्यस्त हैं तो...

अंकिता : ऑफिस रुटीन में यही सब रहता है। कल और परसों के कार्यक्रमों के बारे में निर्देशक महोदय ने बुलाया है। फिर...

ब्रजेश : यह मेरा विजिटिंग कार्ड है। जब जहां आज्ञा दें, वहीं हाजिर हो जाऊंगा।

अंकिता : दो दिन छोड़ कर कभी भी। **(उठ खड़ी होती है)** सॉरी। आपको चाय भी न पिला सकी।

ब्रजेश : कोई बात नहीं।

दृश्य : चौदह

(अंकिता वैनिटी बैग झुलाती हुई सड़क की ओर बढ़ रही है।)

ब्रजेश : **(दूर से)** अंकिता जी। **(निकट आता है)**

अंकिता : ओह, ब्रजेश जी! आप इधर कैसे?

ब्रजेश : **(घड़ी देखता हुआ)** झूठ नहीं कहूंगा। आप ही को देख रहा था। पांच बजे से पहले इधर आ गया था। सोचा, छुट्टी होने पर आप मिल ही जाएंगी।

अंकिता : आज ही समय पर निकल पायी हूं। इन पांच दिनों में बहुत काम रहा। इसीलिए आपको फोन भी नहीं कर सकी।

ब्रजेश : सामने मेरी गाड़ी खड़ी है। समय हो तो थोड़ा घूम फिर आएं। रोज रेस्टोरेंट में चाय कॉफी पीते हैं।

अंकिता : **(कलाई घड़ी देखती हुई)** हां, चलिए, आधा घंटा तो घूमा ही जा सकता है। चाय-वाय रहने दीजिए। बस पार्क तक ही हो आते हैं।

(अल्प विराम)

(घास पर अंकिता ब्रजेश आमने-सामने बैठे हैं।)

नोट : **(अंकिता और ब्रजेश के वार्तालापों को, अल्प विराम दे**

कर, अंधेरा ला ला कर कई मीटिंग्ज में दिखलाया जाना चाहिए। कभी बैठे हुए, कभी चलते हुए या कभी चलते हुए या खड़े हुए तथा चाय पीते हुए आदि।)

ब्रजेश : **(उत्साहित स्वर में)** पहली ही बार, कैसे हम दोनों ने कहा था कि हम दोनों एक-दूसरे को जानते हैं...। जबकि दोनों ने ही एक-दूसरे को देखा तक नहीं था। पत्राचार भी नहीं हुआ था...**(रुकता है, एक भरपूर दृष्टि अंकिता पर डालता है)**

अंकिता : **(मुस्कराते हुए)** अब तो हम दोनों कितनी बार मिल चुके। मिले बिना आपको बेचैनी होने लगती है।

ब्रजेश : और तुम्हें ? धन्यवाद अंजिता को, जो हमें करीब ले आई। एक बात मैं सोचता हूं।...

अंकिता : **(झट से)** वही एक बात मैं भी सोचती हूं।

ब्रजेश : क्या?

अंकिता : पहले आप बताएं।

ब्रजेश : नहीं, पहले आप बताओ। आप क्या सोचती हैं?

अंकिता : चलो मैं ही बताती हूं।

ब्रजेश : कहिए।

अंकिता : कि क्या होता है किसी के सिर्फ रूबरू होने से। इसीलिए शायद मैं प्रपोजल लेकर आने वाले हर लड़के को नकारती रही।

ब्रजेश : क्यों, ऐसा क्यों करती रहीं?

अंकिता : क्योंकि रूबरू होने से आदमी एक-दूसरे की शक्लोसूरत, कदकाठी, रंगरूप, हावभाव तो देख सकता है, किन्तु किसी के जीवन का वास्तविक अथवा जिंदगी को देखने के आंतरिक दृष्टिकोण में कैसे झांक सकता है। यह तो बराबर संपर्क में बने रहने से ही पता चलता है। अंजिता ने हम दोनों ही को, एक-दूसरे को, परखने की नजर अनायास ही दे दी।

ब्रजेश : सही कहती हैं आप! अंजिता ने थोड़े ही से शब्दों में आपकी तस्वीर अंकित कर दी और मैं बरबस आपकी ओर खिंचा चला आया। यहां का ट्रांस्फर मांगा। मिल भी गया।

अंकिता : उसने मुझे आपके जीवन-दर्शन से भी अवगत कराया था कि

किसी को, चाहे वह पति-पत्नी ही क्यों न हों, एक-दूसरे के क्रियाकलापों में हस्तक्षेप नहीं करना चाहिए।

ब्रजेश : हमारे यहां व्यावहारिक रूप से इसकी कल्पना तक भी नहीं की जा सकती, जैसा कि ब्राजील में होता है कि अगर बच्चे भी मां-बाप की रिपोर्ट कर दें कि इन्होंने हमें कहीं आने जाने से रोका है, इस या उससे मिलने नहीं दिया है, तो मां-बाप धर लिए जाते हैं, क्योंकि इससे दूसरों की भावनाएं आहत होती हैं।

अंकिता : इस तरह की व्यक्तिवादी जीवन-शैली को हमारे यहां हेय समझा जाता है। लेकिन मैं शुरू से ही लीक से हटकर सोचती रही हूं कि हमें एक ही तो जीवन मिला है। क्यों न इसका लाभ अपने तरीके से उठाएं।

ब्रजेश : मनाली पहुंचकर अंजिता ने सब पर उपकार किया...

अंकिता : आप पर भी...

ब्रजेश : हां, मुझ पर भी। सोचता हूं, परसों आपके साथ चलकर उसका शुक्रिया अदा कर आऊं। इस तरह आपके डैडी से भी मिलना हो जाएगा, जो बहुत जरूरी है।

अंकिता : चलिएगा, आजकल तो अंजिता मैके आई हुई है।

दृश्य : पंद्रह

(अंजिता और कृपाशंकर लॉन में बैठे हैं)

ब्रजेश : नमस्कार अंकल। नमस्ते अंजिता जी।

कृपाशंकर : जीते रहो। कैसे हैं आप?

ब्रजेश : बहुत बढ़िया। सोचा, बहुत दिन हो गए आपसे मिले हुए। पता चला, अंजिता भी आई हुई हैं।

अंजिता : धन्यवाद **(हाथ जोड़ती है)** बैठिए।

ब्रजेश : भई, तुम्हारी शादी में तो हम शरीक हो न सके। सोचा, माफी

मांग आएं। हालांकि मुझे अपने मित्र नेमीचंद का वेडिंग कार्ड ब्राजील में मिला था। साथ में उसका लंबा-चौड़ा पत्र भी। उससे पता चला कि घटनाक्रम ने, धीरे-धीरे ऐसा मोड़ ले लिया कि अंजिता ही उसे और उसके पिताश्री को भाने लगी। अंकिता ने तो खैर इस परिणय कर्म में सहायता की ही। **(हंसता है)**

कृपाशंकर : मैं नहीं चाहता था कि पहले छोटी की शादी हो। परंतु जैसा समय और भाग्य में बदा होता है, हो कर रहता है।

ब्रजेश : ठीक कहा आपने। सब काम अपने समय पर ही होते हैं। अंकिता ने अंजिता को मनाली भेज कर एक तरह से हम पर भी उपकार ही किया।

अंकिता : **(मुस्कराती है)** पूछ लो अंजिता से, अगर इसके साथ कहीं जबर्दस्ती की गई हो। हां, इसने मेरी खातिर वहां जाना स्वीकार कर लिया था। इसे मैं परस्पर सहयोग कहती हूं। यह सहयोग बहन, भाई, पिता, पुत्र, यहां तक कि पति-पत्नी में भी होता है। किंतु किसी को किसी काम के लिए बाध्य करना, अपने विचार दूसरों पर लादना, मेरे विचार से घटिया काम होता है। खैर छोड़िए...हां अंजिता इसे घटिया मामला कह रही थी कि जो युवक उसकी दीदी को देखने आया है, वही उसे ले उड़े। है ना नाजुक मामला–ओह, ट्रेजिडी सीन **(लंबी सांस खींचती है।)**

ब्रजेश : आप तो हमेशा ड्रामे वाली भाषा इस्तेमाल करती हैं। इसमें इसका क्या दोष था।

अंकिता : नहीं, बिलकुल नहीं। कहा ना, यह सब, अपने-अपने स्वभाव, नेचर, एगुलैरटी की बात है। स्थूल शब्दावली में कहें तो, तो तालमेल, जो शायद मेरे और उसके बीच नहीं था।

ब्रजेश : अंकल, क्षमा करें। हम सारी बातें, मतलब हर तरह की बातें, आपके सामने कर लेते हैं।

कृपाशंकर : इसमें भला हर्ज क्या है।

ब्रजेश : धन्यवाद। हां तो अंकिता, मेरे बारे में अंजिता से सुनने पर, आपको क्या लगा?

अंकिता : यही कि विचार किया जा सकता है।

ब्रजेश : और अब सामने देखने पर?

अंकिता : **(शरारत से)** विचार किया जा सकता है।

कृपाशंकर : ओह, विचार किया जा सकता है। जिंदगी भर विचार। कितनी बार तो तुम दोनों मिल चुके हो।

अंकिता : क्या एक-दूसरे को बधंक बना कर ही जिया जा सकता है।

ब्रजेश : **(माथे पर हाथ रखते हुए)** तो फिर तुम्हीं बताओ। तब कैसे जिया जा सकता है?

अंकिता : सीमोन द बोउवा की तरह। सार्त्र, हां हां, ज्यां पाल सार्त्र की तरह भी, जो बिना बंधे भी जीवन पर्यंत गहरे तक जुड़े रहे।

कृपाशंकर : **(हल्की सी डांट)** अंकिता, तुम खतरनाक मोड़ की तरफ बढ़ रही हो। वे पेरिस में रह रहे थे। हम, अपने भारतवर्ष में जीते मरते हैं।

अंकिता : इससे क्या फर्क पड़ता है।

ब्रजेश : ठीक कहती हैं आप। फर्क नहीं पड़ता। विचारों के सामने देशों की दीवारें, महत्त्वहीन मानी जानी चाहिए। फिर भी...

अंकिता : परंतु फिर भी, वाह! लगता है, आप विचारों को नहीं, मुझे पा लेना चाहते हैं।

कृपाशंकर : **(गरज कर)** क्या बकवास है। अगर यही सब तुम्हारे भेजे में भरा है, तब, कल से एक-दूसरे से मिलना-जुलना एकदम से बंद कर दो। ब्रजेश, प्लीज, डोंट माइंड इट। आफ्टर ऑल, आइ एम एन इंडियन फादर।

ब्रजेश : मैं सहमत हूं।

अंकिता : खूब! आप लोग कहां से कहां जा पहुंचे।

कृपाशंकर : तब, इसी वक्त फैसला कर लो और मुझे बताओ। चलो अंजू बेटी। इन्हें अलग से बात करने दो। **(अंजिता का हाथ पकड़कर स्टेज से बाहर चले जाते हैं।)**

अंकिता : क्या सीन है। हां अब बोलो! क्या तुम बस मुझे ही पा लेना चाहते हो?

ब्रजेश : यदि गौर करें तो विचारों के वशीभूत होकर आपकी ओर आकर्षित हुआ और इसी वजह से तुम्हें पा लेना चाहता हूं। अनुमति दें तो एक छोटी सी बात कहूं।

अंकिता : कहिए।

ब्रजेश : **(भावावेश में, अंकिता की ओर गिरते हुए)** अंकिता, मैं तुमसे प्यार करता हूं...अंकिता...मेरी अंकू...**(स्वर विलोम में खो जाता है)**

अंकिता : **(ब्रजेश का सिर और कमर हाथों में थामे, ब्रजेश की आंखों में झांकती है)** ब्रजेश...ब्रजेश...**(अंधेरा)**

दृश्य : सोलह

(अंकिता खूबसूरत साड़ी पहने बनी-ठनी, कहीं जाने को तैयार दिखती है। बार-बार शीशे के सामने मेकअप करती हुई।)

ब्रजेश : बहुत सुंदर लग रही हो प्यारी अंकिता।

अंकिता : यह तो तुम हर रोज कहते हो।

ब्रजेश : क्योंकि यह नित्य प्रति का सत्य है प्रिये!

अंकिता : वही एक ही रट और वही पुरानी शब्दावली।

ब्रजेश : चलो यही सही। मेरे शरीर का रोआं-रोआं जो पुकारता है, उस सत्य को कैसे नकारूं प्रेयसी, प्रियतमा, हृदयेश्वरी, सपनों की रानी, मेरी...

अंकिता : **(चेहरे पर विपरीत भाव लाकर)** बस बस, वही पुराना राग। डेढ़ साल हो गए शादी को, तब से एक ही रट, अति सुंदर, सुंदरी, प्रिया, प्रियतमा। शब्दकोश लेकर बैठ जाते हो। मैं तो तंग आ गई, इस ढर्रे से।

ब्रजेश : **(अंकिता के कंधे सहलाते हुए)** जो शाश्वत सत्य है, उसे कैसे बदलूं। यह तुम्हें बुरा लगता है?

अंकिता : हां लगता है। कभी-कभी तुम मुझे चांद का टुकड़ा कहते हो। मुझे हर कोण से घूरते हो। क्या मैं कोई शो पीस हूं।

ब्रजेश : तुम मेरे लिए सब कुछ हो। मेरी जिंदगी। मेरी पूजा की देवी। **(आगे बढ़कर आलिंगन में लेना चाहता है)**

अंकिता : **(चिढ़ती हुई)** हटो पीछे। मेरा मेकअप खराब हो जाएगा। तुम भी भारतीय पुरुष वाली जैसी ही भाषा बोलने लगे, जिसने हमेशा नारी को, पवित्र, पूज्य, देवी कह-कह कर उसे गुलाम बनाए रखा है, उसे छला है। पालतू नहीं हूं, तुम्हारी।

ब्रजेश : तुम मेरे बारे में भी ऐसा ही सोचती हो । सच पूछो तो तुम मेरी स्वामिनी हो। अर्धांगिनी। तुम्हारे बिना मैं अधूरा हूं। मेरी हूर **(थोड़ा जोर लगा कर अंकिता को फर्श पर बिठाकर उसकी गोद में अपना सिर रख देता है)**

अंकिता : **(फुसफुसाती है)** हटो। मुझे देर हो रही है।

(तभी अचानक, बने-ठने, अंजिता, नेमीचंद का प्रवेश)

नेमीचंद : **(आंखों पर हाथ रखता हुआ)** सॉरी, वेरी सॉरी। भले आदमी, जरा दरवाजे को तो देख लिया होता।

अंकिता : **(ब्रजेश को पीछे हटाती हुई, मुंह बनाती है)** इन्हें प्यार का दौरा पड़ता है। कब पड़ जाए, कुछ पता नहीं। बल्कि चौबीसों घंटे का रोमांस। यह कौन सा जीने का ढंग है। हाय, यह जिंदगी...

अंजिता : दीदी, तुम सौभाग्यशाली हो। जीजा जी कितने अच्छे हैं।

अंकिता : **(डपटती है)** अंजिता! तुम्हें तो सारे ही जीजा जी भा जाते हैं।

अंजिता : **(मुस्काती हुई हाथ उठाती है)** तो क्या हो गया। तुम्हें बुरा लगा? दीदी, दीदी! तुम ठीक तो हो ना।

अंकिता : **(चिढ़ती हुई)** खाक ठीक हूं। **(अर्धचेतना की सी स्थिति)** अंजू, मेरी बहन, देखो, ब्रजेश ने मेरे साथ धोखा किया है। शादी से पहले कुछ कहते थे। शादी के बाद वही हिन्दुस्तानी पति। वही भाषा। कहां जा रही हो? कब लौटोगी? इतनी देर क्यों लगा दी? अंकिता, उसके साथ ज्यादा आओ जाओ नहीं। उसके नाटक में भाग मत लो। **(आवाज लड़खड़ाती जाती है)** ओह गॉड! मैं यह हर वक्त की टोकाटाकी नहीं सह सकती। कोई पूछे, यह हैं कौन?

अंजिता : तुम्हारे पति।

अंकिता : **(व्यंग्य से)** पति, देवता, पति परमेश्वर, स्वामी, मालिक। **(ब्रजेश की ओर अंगुली उठाती हुई)** तुमने तो दुनिया देख

रखी है न ।

ब्रजेश : हां, तुम्हें भी उस दिन देखा था, जब एक दिन तुम अचानक हमारे कॉलेज स्टाफ रूम में आ प्रकट हुई थीं। मेरे कॉलेज की पांच-सात सहकर्मी मुझे घेरे, मुझसे किसी विषय पर चर्चा कर रही थीं। तब क्या हो गया था तुम्हें।

अंकिता : कुछ नहीं। तुम तो कृष्ण कन्हैया बने, उनसे हंस-हंस कर ठिठोली कर रहे थे। अहं, चर्चा।

ब्रजेश : ऐसा कुछ नहीं था। बस, तुम्हें ऐसा कुछ लगा, क्योंकि दुनिया की हर पत्नी को ऐसा कुछ लगता है। पति को भी ऐसा ही कुछ लगता है। ऊपर से वह चाहे जो कुछ कहता फिरे। मैंने दुनिया देखी है।

अंकिता : तुम तो आधुनिक विचारों के पोषक हो। व्यक्ति की निजता, और उसकी स्वायता के पक्षधर। **(आवाज रुकती है)** यही सोच कर तुम्हें अपनाया था मैंने। **(निढाल हो जाती है)**

(तीनों जने अंकिता को थपथपाते है)

ब्रजेश : अंकिता प्लीज, संभालो खुद को। तरस खाओ। अपने पर नहीं, तो मुझ पर। अपने ब्रजेश पर। हम सब तुम्हें बहुत चाहते हैं।

अंकिता : **(एकटक, ब्रजेश के चेहरे को निहारती है। धीरे-धीरे अपनी अंगुली उसकी ओर उठाती है।)** तुम...

नेमीचंद : अंकिता जी! मैं ब्रजेश को बचपन से जानता हूं। यह बहुत ही भावुक स्वभाव का है। साथ ही ऊंचे दर्जे का विद्वान भी। पाश्चात्य दर्शन का भी ज्ञाता। विदेशियों के बीच भी रहा है। किंतु, अपनी जड़ों से विमुख नहीं हुआ। मुझे पता है, यह टोकाटाकी के खिलाफ है। बस दिन-रात आपकी चिंता करता है। आपकी भावनाओं का आदर करता है।

अंजिता : हां, मुझे भी एक बार जीजा जी ने बताया था कि पश्चिम का दर्शन और जीवन-शैली भौतिकवाद पर आधारित है। यह जीवन-दर्शन, बाह्य विविधता को देखता है और तर्कजाल में उलझकर रह जाता है। मन और घर की शांति के लिए अपनी परंपरा ही श्रेष्ठ है।

अंकिता : यह तुम लोग मुझे सिखाओगे। पूछो इनसे। शादी से पहले तो अस्तित्ववाद, क्षमावाद विखंडनवाद, उत्तर-आधुनिकतावाद,

ध्वंसवाद आदि-आदि पर बड़े-बड़े भाषण झाड़ा करते थे।

ब्रजेश : तुम शायद भूल गईं। मैंने ऐसे जीवन-दर्शन का कभी पक्ष नहीं लिया था। सिर्फ यही बताया था कि इन्हें पढ़ समझ कर जीवन के प्रति व्यापक दृष्टिकोण जरूर उभरता है। हमारी निरीक्षण क्षमता तेज होती है। हम रूढ़िवाद से नजात पाते हैं और साथ ही अपनी शर्तों पर जीने की राह निकालते हैं।

अंकिता : **(सिर पकड़कर)** ओह, कौन सी राह। दूसरों की राह में अड़ंगा डालने की। कोई मेरी राह में विघ्न डाले, हस्तक्षेप करे, इसे मैं, अंकिता सहन नहीं कर सकती।

अंजिता : मानो दीदी, हस्तक्षेप नहीं है यह। यह प्रेम निवेदन है। एक-दूसरे की चिंता। संवेदनशीलता। प्रेमाधिकार, जिस पर हमारा समाज टिका हुआ है।

अंकिता : **(एकटक, अंजिता को देखती रह जाती है)** अंजिता, तुम...

ब्रजेश : सचमुच एकदम अंजिता ने ठीक कहा। यह और कुछ नहीं, प्रेम निवेदन है। प्रेमाधिकार। जिस दिन यह नहीं रहेगा, हमारा मूल सामाजिक ढांचा चरमरा जाएगा। इसी प्रेम निवेदन, प्रेम गीत को मैं दिन-रात गुनगुनाता हूं।

नेमीचंद : हम भी तो सुनें, क्या गुनगुनाते हो।

ब्रजेश : पूरी कविता या प्रेम गीत? मेरे मित्र दिनेश ने मुझे लिख भेजा है।

नेमी, अंजिता : हमें भी सुनाइए।

ब्रजेश : अंकिता, तुम भी सुनोगी। सुनाऊं?

(अंकिता धीरे-धीरे सिर उठाती है। फिर 'हां' में सिर नीचे करती है।)

ब्रजेश : **(अलमारी से, कागज निकाल लाता है)** यह गीत, दिनेश ने नहीं, मुझे लगता है, जैसे मैंने ही तुम्हारे लिए लिखा है। तुम सब भी साथ दो न।

(प्रकाश धीमा पड़ता जाता है। ध्वनि-लहरियां उभरती हैं।)

समवेत स्वर : जब तब करता मन, तुम्हें बुलाऊं।
तुम्हें बुलाऊं।

नाम पुकारूं तेरा ही बस
पास बिठाऊं
तुम्हें सुनाऊं
पिछली अगली अपनी बातें, तेरी बातें।
बीती रातें, न बीती मन से,
उन्हीं की तुम को याद दिलाऊं
पास बिठाऊं
तुम्हें सुनाऊं
यह यह, वह यह
सब दुहराऊं
रूठो कभी न, नहीं चाहता मैं
रूठो हरदम, तुम्हें मनाऊं
घर आंगन में हरदम चहको
जाओ, बाहर, हाय बस
चौखट में। फंस जाऊं

चैन रहे न दिन में, बिन तेरे
रातों की क्या बात बताऊं
नहीं सुनो तो किसे सुनाऊं
किस्से जो मन में घटते हैं
कैसे कहूं यह बात किसी से
जो तेरा है, बस तेरा है
किसे बताऊं
छिन छिन पल देखूं तुझ को
यूं ही सारी उम्र बिताऊं

(पर्दा गिरता है)

(समाप्त)

जंग कीड़ों की

(प्रयास पुरस्कार से सम्मानित)

⌘

वी शुभलक्ष्मी

परिचय

प्राणी जगत में कीड़ों का वर्ग सबसे विशाल है। इसलिए धरती के हर कोने पर इन्होंने अपना डेरा जमा रखा है। प्रकृति में दो प्रकार के कीटक पाये जाते हैं। एक हानिकारक कीटक होते हैं, जो हमें काफी नुकसान पहुंचाते हैं और दूसरे लाभदायक कीड़े, जो हानिकारक कीटकों को खाकर हमारे फल फूल की रक्षा करते हैं। इनको शिकारी कीड़े भी कह सकते हैं। लेकिन जब हम कीटाणुनाशकों का इस्तेमाल करते हैं तो हानिकारक कीटकों के साथ-साथ शिकारी कीड़े भी मारे जाते हैं। बार-बार या फिर अधिक मात्रा में कीटाणुनाशकों के इस्तेमाल से कीड़ों की सहनशक्ति बढ़ जाती है और फिर वे बेअसर हो जाते हैं। इसी के साथ-साथ कीटाणुनाशकों के जहरीले तत्त्व फूलों फलों में समाकर हमारे शरीर में अन्न द्वारा प्रवेश करते हैं। इनके परिणाम काफी घातक साबित हो सकते हैं। यहीं पर हमें शिकारी कीटकों की जरूरत पड़ती है। इस नाटक में हमने यही बताने की कोशिश की है कि किस तरह शिकारी कीड़े, हानिकारक कीड़ों की छुट्टी कर देते हैं।

नाटक के पात्र

बगी : रेड कॉटन बग (एक हानिकारक कीड़ा)
एफी : एफीड (पौधों का रस चूसनेवाला हानिकारक कीड़ा)
कैटी : कीड़ों का वैज्ञानिक
मैंटी : नमस्ते कीटक (एक शिकारी कीड़ा)
स्पॉटी : लेडी बर्ड ब्रिटल (एफीड खानेवाला शिकारी कीट)
रॉबिन : रॉबिन पक्षी (कीड़ों को खानेवाला पक्षी)
फ्रॉगी : मेढक (कीड़ों को खानेवाला उभयचर प्राणी)
ग्रासी : टिड्डा (पत्ते खानेवाला हानिकारक कीड़ा)
डॉ. शर्मा : बगीचे का मालिक
अजय : डॉ. शर्मा का बेटा
डॉ. डैंगो : कीड़ों का वैज्ञानिक

दृश्य : एक

(बगी, कैटी और एफी अपने अन्य साथियों के साथ यहाँ-वहाँ रास्ते पर टहल रहे हैं। बगी के हाथों में एक पर्चा है और वह उसमें कुछ पढ़ते हुए यहां-वहां देख रहा है। अचानक उसकी नजर एक घर के सामनेवाले बगीचे पर पड़ती है)

बगी : **(खुशी के मारे झूमते हुए)** यूरेका ! आखिर हमने उसे ढूंढ़ ही लिया।

एफी : **(मुस्कुराकर सर हिलाकर)** अच्छा, तो यही है डॉ. शर्मा का वह मशहूर बगीचा, जिसका पता लेकर हम मारे-मारे फिर रहे थे।

कैटी : **(कुछ ललचाते हुए)** हां भई, ये तो हम कीड़ों के बीच अपने रसीले फलों और ताजा सब्जियों के लिए मशहूर है। उफ! मुझसे तो अब और रहा नहीं जायेगा। हाय, मुझे मेरा गोभी बुला रहा है।

बगी : हां कैटी, मेरी भी यही हालत है। वो लंबी हरी-हरी भिण्डी जाने कबसे मुझे ललचा रही है... अब मुझसे रहा नहीं जाता। भई, मैं तो चला **(बगी उड़कर भिण्डी पर जा बैठता है)**

एफी : **(अपनी सेना से)** साथियो आक्रमण... ये सब अब हमारा है। सेना की एक टुकड़ी मटर खाएगी, दूसरी टमाटर और बाकी मेरे साथ अमरूद खाएगी। **(वातावरण में खाने की आवाजें आती हैं। अचानक मंच पर डॉ. शर्मा आते हैं। उनके हाथों में कीटनाशकों से भरा स्प्रे पंप है। पंप लेकर वे उस तरफ बढ़ते हैं, जहां से आवाजें आ रही हैं।)**

डॉ. शर्मा : **(चिड़चिड़ाते हुए)** न जाने कहां-कहां से चले आते हैं, मेरे कीमती बगीचे का सत्यानाश करने के लिए। ठहरो, अभी इनकी खबर लेता हूं। यह कीटनाशक अभी छिड़काये देता हूं, फिर इनकी दुर्गति देखता हूं। **(यह कहकर वे पंप का स्प्रे बगी और उसके साथियों पर करते हैं)**

कैटी : हे भगवान, ये क्या हो गया। बॉस भागो, खतरे की घंटी बज गई है। **(कैटी खांसता हुआ दौड़ता है। सभी कीड़ों में एक किस्म का हाहाकार मच जाता है। सब अपनी-अपनी जान बचाकर भागने लगते हैं)**

बगी : **(एफी से)** अपनी सेना से कहो, भाग खड़े हों **(वातावरण में कराहने की और खांसने की आवाजें आ रही हैं)**

दृश्य : दो

(अस्पताल का नजारा है, जहां पर खटिया पर बगी लेटा हुआ है। उसका बदन पट्टियों से लिपटा हुआ है। एफी उसके करीब बैठा हुआ है। उसे भी कुछ चोटें आयी हैं)

बगी : नहीं छोड़ूंगा... आह... **(कराहने लगता है)**

एफी : बॉस, आराम से... आपको आराम की सख्त जरूरत है।

बगी : नहीं छोड़ूंगा उस डॉक्टर के बच्चे को, जिसके कारण आज मैं अस्पताल में पड़ा हूं।

एफी : बॉस, आप चिंता न करें। पहले आप स्वस्थ हो जाएं। फिर उसकी खबर हम सब मिलकर लेंगे। लीजिए, ये दवाई पी लीजिए। **(दवाई पीने की आवाजें आती हैं)**

(तभी मंच पर कैटी हांफते हुए दौड़ता आता है।)

कैटी : बॉस, आपके लिए खुशखबरी लाया हूं। डॉ. शर्मा को उसके किये की सजा मिल गई।

एफी : वो कैसे?

कैटी : उसका बेटा अजय बगीचे में खेल रहा था। तो जो जहर उसने हम लोगों को मारने के लिए अपने पौधों पर छिड़का था, बस उसी के असर से उसका बेटा बीमार हो गया। उसे अभी-अभी अस्पताल ले जाते हुए मैंने देखा है।

एफी : **(एफी से)** बॉस, उसे तो आपसे पहले भगवान ने देख लिया। वो कहते हैं न, जैसी करनी वैसी भरनी। अब आप निश्िंचत हो जाइए।

कैटी : लेकिन बॉस, इस जहर के बारे में कुछ करना होगा। इस बार तो हम बच गये। मगर अगली बार शायद ऐसा न हो।

एफी : हां, बॉस। ये लोग वैसे भी चैन से नहीं बैठेंगे। हमें कुछ न कुछ जल्द से जल्द करना चाहिए।

बगी : घबराओ नहीं दोस्तो, उसका भी इंतजाम हो चुका है।

एफी : **(आश्चर्य से)** कैसा इंतजाम बॉस?

बगी : डॉ. डैंगो का नाम सुना है? हमारे कीड़ों के एक जाने माने वैज्ञानिक हैं, जिन्होंने हम पर होनेवाले इन अत्याचारों से मुक्ति दिलाने के लिए एक ऐसे टीके **(वैक्सीन)** की खोज की है, जो हमें डी.डी.टी. जैसे दूसरे जानलेवा कीटाणुनाशकों के प्रभाव से बचा सकता है।

कैटी : इसका मतलब यह हुआ कि जिस तरह से चेचक और पोलियो वगैरह के लिए ये इंसान टीके लेते हैं, उसी तरह का यह टीका हमारे लिए होगा... अरे वाह... ये तो बहुत अच्छी बात है।

एफी : **(खुशी से झूमते हुए)** अरे बॉस, फिर तो समझिए कि यह एक चमत्कार से कम नहीं होगा। बताइए, हमें यह चमत्कारी इंजेक्शन कब लगवाना है?

बगी : मेरी तबीयत कुछ ठीक हो जाए तो हम सब डॉ. डैंगो के क्लिनिक में चलेंगे।

दृश्य : तीन

(डॉ. डैंगो के क्लिनिक का नजारा है। बगी अपने अन्य साथियों के साथ डॉ. डैंगो के पास बैठा है)

डॉ. डैंगो : वेलकम फ्रेंड्स! डॉ. डैंगो के स्पेशल क्लिनिक में आप सबका हार्दिक स्वागत है।

बगी : डॉ. डैंगो...हम सब...

डॉ. डैंगो : **(बगी की बात काटते हुए)** कुछ कहने की जरूरत नहीं है। मैंने आपके चेहरों को पढ़ लिया है। इंसानों की जुल्म की कहानी सुना रहे हैं आप सभी के चेहरे। आप भी उनके वार से बच न सके। मैंने भी ऐसा ही एक जख्म खाया था, जब मेरा पूरा परिवार इंसानों के इस जहर के हाथों बलि चढ़ गया। बस उसी दिन से मेरे दिल में बदले की आग भड़क रही है। इसीलिए मैंने इस टीके का आविष्कार किया है जिसका नाम है 'सुपर इंसेक्ट'। **(डॉ. डैंगो का चेहरा बहुत गंभीर और सख्त हो चुका है।)**

बगी : बस, अब मेहरबानी करके अपने इस टीके से हमें इतना शक्तिशाली बना दीजिए कि दुनिया में किसी भी कीटाणुनाशक दवाई का असर हम पर न हो सके।

डॉ. डैंगो : **(बगी का कंधा थामते हुए)** घबराओ नहीं दोस्त। डॉ. डैंगो आप सबका बाल बांका भी नहीं होने देगा... हा...हा...हा...**(डैंगो की हंसने की आवाजें आती हैं।)**

(डॉ. डैंगो सभी को एक-एक करके इंजेक्शन लगाता है। सभी की आह...ऊंह की आवाजें आती हैं।)

बगी : **(अपने हाथों से इंजेक्शनवाली जगह को मसलते हुए)** अब आएगा मजा। चलो, अब चलते हैं डॉ. शर्मा से अपना पुराना हिसाब-किताब चुकता करने। चलो साथियो।

(डॉ. डैंगो से हाथ मिलाकर सभी शोरगुल मचाते हुए क्लिनिक के बाहर निकलते हैं।)

दृश्य : चार

(बगी अपने साथियों के साथ खड़ा है। उसके सभी साथी उसकी बातें गौर से सुन रहे हैं।)

बगी : साथियो, आज हमें अपने उन दोस्तों के बलिदान का बदला लेना है, जो पिछले 'मिशन' में डॉ. शर्मा के बगीचे में मारे गए थे। डॉ. डैंगो ने हमें सुपर कीड़ा बना दिया है। इसलिए अब हमें किसी का डर नहीं। तो साथियो, वो रहा डॉ. शर्मा का बगीचा, जिस पर डॉ. शर्मा को बड़ा नाज है...तबाह कर दो इसे। इसकी जन्नत को...बर्बाद कर दो हर एक पौधे को...ध्यान रहे, एक भी पेड़ या पौधा बचने न पाए। आक्रमण!

एफी : आक्रमण!

(कीड़ों की फौज डॉ. शर्मा के बगीचे पर धावा बोल देती है और हर फूल, पत्ते और फलों को खाने लगती है। अपने बगीचे से खाने की आवाजें सुनकर, डॉ. शर्मा बाहर आते हैं।)

डॉ. शर्मा : अरे, ये शोर कैसा? **(बगी और उसके साथियों को देखकर)** तो तुम लोग फिर आ गए। रुको, मैं अभी तुम सबको मजा चखाता हूं।

(डॉ. शर्मा अपने घर से कीटाणुनाशकों वाला पंप लेकर आते हैं और उसे बगी के साथियों पर छिड़कते हैं। तभी सभी ठहाके लगाकर गाना गाते हैं)

'हम हैं सुपर कीड़े, हम हैं सुपर कीड़े
कोई न हमसे भिड़े,
मुँह की वो खाएगा,
जो भी हमसे लड़े,
हम हैं सुपर कीड़े, हम हैं सुपर कीड़े।'

डॉ. शर्मा : **(परेशानी से)** ये क्या हो रहा है? उफ; ये तो सब बेअसर लग रहे हैं। अब मुझे कुछ जल्द से जल्द करना चाहिए, वर्ना

ये तो मेरे बगीचे को रातोरात खा जाएंगे।

(डॉ. शर्मा फोन उठाकर एक नंबर डायल करते हैं तभी अजय आता है)

अजय : डैडी...डैडी...

डॉ. शर्मा : **(अपने बेटे को नजरअंदाज करके फोन पर कहते हैं।)** हैलो, क्या ये आइ.पी.एम. है। देखिए, मैं डॉ. शर्मा नेहरू रोड से बोल रहा हूं। मेरे बगीचे पर हानिकारक कीड़ों का हमला हुआ है। मुझे आपकी मदद की सख्त जरूरत है। **(यह कहकर वे फोन रख देते हैं।)**

अजय : **(जो अभी तक अपने पिता की बातें सुन रहा था)** डैडी...ये आई.पी.एम. क्या है?

डॉ. शर्मा : बेटे यह आई.पी.एम. का पूरा नाम है इंटीग्रेटेट पेस्ट मैनेजमेंट। यह कीड़ों की पुलिस है, जो हानिकारक कीड़ों पर हमला करके उन्हें खत्म कर देती है। हमारे पास जो कीटाणुनाशक हैं, उसका कोई असर अब इन हानिकारक कीड़ों पर नहीं हो रहा है। इसलिए मैंने आई.पी.एम. के लोगों को बुलाया है।

अजय : इसका मतलब, हम जिस तरह से चूहों को मारने के लिए बिल्ली को रखते हैं, उसी तरह...

डॉ. शर्मा : हां बेटे, एकदम सही समझा तुमने।

(अजय अपने पिता के संग आई. पी. एम. के लोगों के आने का इंतजार करने लगता है।)

दृश्य : पाँच

(बगी अपने अड्डे पर अपने साथियों के साथ जश्न मना रहा है।)

बगी : साथियो, हमने अपने दोस्तों की मौत का बदला ले लिया है। **(हाथ में एक प्याला लेकर)** ये जाम, हमारे दुश्मनों की

तबाही के नाम, चीयर्स!

(सभी कीड़ों के ठहाकों और नाचने-गाने की आवाजें आती हैं।)

(तभी हाँफता हुआ मंच पर ग्रासी प्रवेश करता है।)

बगी : आओ ग्रासी, तुम भी हमारी खुशी में शरीक हो जाओ। जिस तरह तुमने अपना डेरा पटेल के बगीचे में जमाया हुआ है, उसी तरह से हमने भी शर्मा के बगीचे को अपने कब्जे में कर लिया है।

ग्रासी : (हांफता हुआ) बगी भई, अब मेरा सबकुछ खत्म हो गया हैं। उन लोगों ने मुझे वहां से निकाल दिया। अब वहां मेरा एक भी साथी मौजूद नहीं है। उन लोगों ने हमें खत्म करने की कसम खाई है...मैं तो चला...

बगी : (कुछ नासमझी से) अरे, लेकिन तुमने ही तो कहा था कि सुपर कीड़ा बन जाने के बाद हमें कोई मार नहीं सकता। तो अब क्या हुआ?

ग्रासी : (घबराहट से) अब सारी बातें बताने की मुझे फुर्सत नहीं है। पता नहीं, मेरा पीछा करते-करते वे शायद यहां तक भी आ पहुंचें। मैं तो कहता हूं कि तुम भी अपना बोरिया बिस्तर उठाकर भाग चलो। मैं तो अपने गांव चला। **(यह कहकर वह तेज कदमों से जाने लगता है।)**

बगी : (पीछे से पुकारते हुए) अरे भाई, लेकिन यह तो बताते जाओ कि तुम किसकी बात कर रहे हो?

ग्रासी : आई.पी.एम.वाले...**(यह कहते वह दूर चला जाता है।)**

एफी : बॉस, मुझे लगता है, कुछ गड़बड़ है।

बगी : तुम भी उस डरपोक की बातों में आ गये...चलो चलो, मेरा पार्टी का मूड खराब मत करो।

(बगी चला जाता है, मगर एफी चिंताग्रस्त हो जाता है)

दृश्य : छह

(डॉ. शर्मा के घर का दृश्य है। उनके घर का डोरबेल बजता है। अजय दरवाजा खोलता है)

स्पॉटी : मैं स्पॉटी हूं और ये मेरा दोस्त मैंटी। **(मैंटी की ओर इशारा करते हुए)** हम आई. पी. एम. की ओर से आए हैं। आप लोगों ने कोई रपट लिखवाई थी?

अजय : **(खुशी से झूमते हुए)** डैडी, डैडी, जल्दी आइए...देखिए तो वो आ गए हैं।

डॉ. शर्मा : **(भीतर के कमरे से आवाज देते हैं)** कौन आ गए हैं बेटे?

अजय : **(स्पॉटी और मैंटी को देखकर)** वही, जो बिल्ली बनकर चूहे खाते हैं।

डॉ. शर्मा : **(मंच पर आते हैं)** अरे रे रे, आप, आइए, आइए...मैं आप लोगों का इंतजार कब से कर रहा हूं।

स्पॉटी : देरी के लिए माफी, लेकिन हम आपके बगलवाले पटेल साहब के बगीचे पर तैनात थे, इसलिए आ न सके। खैर, अब बताइए, हमला कहां हुआ है?

(डॉ. शर्मा उन दोनों को अपने बगीचे की ओर ले जाते हैं।)

मैंटी : **(कुछ सोचते हुए)** इस बगीचे की दुर्दशा देखकर यह पता लगाना मुश्किल नहीं कि यह किसकी शरारत हो सकती है।

स्पॉटी : तुम्हारा इशारा कहीं बगी और उसके गैंग की ओर तो नहीं।

मैंटी : उनके अलावा ये कोई और कर ही नहीं सकता... ग्रासी के बाद बगी की ही यहां ज्यादा चलती है। खैर, डॉ. शर्मा, आप बेफिक्र हो जाइए। अब हम आ गये हैं। आपकी सारी मुश्किलें अब आसान हो जायेंगी।

डॉ. शर्मा : आपके इस दिलासे का बहुत बहुत शुक्रिया। बस, आप जल्द से जल्द मेरे बगीचे को इन कीड़ों-मकोड़ों से छुटकारा दिलवा दीजिए।

अजय : मैंटी अंकल, क्या आप मुझे बता सकते हैं कि आपका आई.

पी. एम. किस तरह का काम करता है?

मैंटी : **(मुस्कुराता है)** क्यों नहीं? बेटे, अब तुम्हें तो यह मालूम ही होगा कि ये हानिकारक कीड़े कीटणुनाशकों से नहीं मरते।

अजय : **(बड़ी मासूमियत से)** हां, ये तो नहीं मरे। मगर मुझे जरूर बीमार कर गये।

मैंटी : इसलिए आई.पी.एम. इन कीड़ों को कुदरती तौर से मारता है।

अजय : हम जैसे शिकारी कीड़े, इन हानिकारक कीड़ों को आहार के रूप में खाते हैं। इसलिए आई.पी.एम. में ऐसे बहुत सारे कीड़े मौजूद हैं, जो हानिकारक कीडों का सफाया चुटकी में कर देते हैं।

(तभी एक पक्षी उड़कर अजय के कंधे पर आकर बैठता है।)

रॉबिन : आई.पी.एम. में मेरे जैसे पक्षी भी होते हैं, जो कैटरपिलर को बड़े चाव से खाते हैं।

फ्रॉगी : मैं भी इनमें शामिल हूं।

अजय : **(अपने नये दोस्तों से मिलकर खुश होता है)** वाह, आपकी तो आई.पी.एम. टीम बहुत बढ़िया है। लेकिन, मैं यह देखना चाहता हूं कि यह सब होता कैसे है ?

मैंटी : नेकी और पूछ पूछ...लो, अभी हम तुम्हें अपना कमाल दिखाते हैं। चलो दोस्तो, और अपनी-अपनी पोजीशन ले लो। रॉबिन, तुम उन फलों के पीछे, स्पॉटी, तुम उस फूल के नीचे, फ्रॉगी, उस पौधे के नीचे...और मैं यहां इस डाल पर खड़ा रहता हूं...खामोश खड़े रहो सब। कोई भी आहट न करे।

(अजय और डॉ. शर्मा आई. पी. एम. की टीम को अपने बगीचे में देखते ही देखते अदृश्य होते देखते हैं। एक लंबी खामोशी के बाद उन्होंने दूर से देखा, बगी अपने साथियों के संग बगीचे में प्रवेश कर रहा है। दोनों बाप-बेटे थालकाणी के परदे के पीछे छुप जाते हैं।)

कैटी : बॉस, न जाने मुझे ऐसा क्यों लग रहा है कि जैसे हम यहाँ अकेले नहीं हैं।

बगी : कैटी, तुम मुझे नाहक परेशान मत करो। वैसे भी मैं काफी

परेशान हूं...एफी, इसे समझा दे।

एफी : **(कैटी को इशारा करते हुए)** अगर तुम्हें दिन में सपने देखने का शौक है तो बेशक देखो। मगर हमें परेशान मत करो। तुम जानते हो न, आज हम अपना कल का छोड़ा काम पूरा करने आए हैं। बॉस इस बगीचे को पूरी तरह से तबाह करना चाहते हैं। तो बजाय बातों में समय गंवाने से अच्छा है कि तुम हमारी मदद करो।

कैटी : **(सहमे हुए)** लेकिन एफी...

बगी : खामोश।

(तभी आई.पी.एम. की टीम अपनी-अपनी जगह से बाहर निकल आती है और एक जोरदार ठहाका वातावरण में गूंजता है।)

मैंटी : नहीं बगी, कैटी सही कह रहा है...तुम लोग यहां अकेले नहीं हो। हम सब भी हैं।

बगी : **(कांप उठता है।)** मैंटी तुम...और यहां...वो कैसे?

मैंटी : मैं और स्पॉटी ने मिलकर आई.पी.एम. शुरू किया है ताकि तुम जैसे कीड़ों से इंसानों के बगीचों को बचा सकें। तुम जैसे कीड़ों ने हम कीड़ों का नाम पूरी दुनिया में बदनाम कर रखा है। क्या तुम्हें ग्रासी ने कुछ बताया नहीं?

रॉबिन : हम जानते हैं, डॉ. डैंगो ने तुम सबको सुपर कीड़ा बनाया है। उसने तुम्हें कीटनाशकों से तो बचा लिया, मगर हमसे तुम्हें कौन बचाएगा?

स्पॉटी : मैंटी, ये एफी मुझे बहुत ललचा रहा है। मगर क्या करूं, अभी कल ही पटेल के बगीचे से इसके दोस्तों को खाकर आयी हूं...पेट में जरा भी जगह नहीं है, वर्ना इसे तो मैं... **(एफी की तरफ झपटते हुए)**

एफी : **(लगभग चीख उठता है।)** बॉस मुझे बचा लीजिए। ये डायन मुझे जिंदा चबा जायेगी।

मैंटी : घबराओ नहीं एफी, स्पॉटी तुम्हें नहीं खायेगी। वह तुम्हें यूं ही जरा डरा रही है।

रॉबिन : लेकिन क्या मैं इस रसीले कैटी को खा सकता हूं।

मैंटी : नहीं रॉबिन, आज तो इन्हें सिर्फ चेतावनी देकर छोड़ना है। तो

बगी, तुम्हारा क्या ख्याल है। यह जगह खाली करते हो या फिर मैं अपने साथियों को खुला छोड़ दूं?

बगी : **(कुछ देर खामोश रहता है। तभी अचानक फ्रॉगी उसकी टांग पकड़ लेता है। बगी चिल्ला उठता है।)** हां...हां, मैं चला जाता हूं। मगर पहले इस फ्रॉगी को तो पकड़ो। **(मैंटी फ्रॉगी को इशारा करता है तो वह उसकी टांग छोड़ देता है)**

बगी : **(अपनी टांग मसलते हुए)** मैंटी, हमें माफ कर दो...हम तुमसे वादा करते हैं कि हम हमेशा-हमेशा के लिए चले जायेंगे। मगर तुम अपने साथियों को रोक लो, प्लीज।

मैंटी : जाओ माफ कर दिया। फिर दोबारा यहाँ या आस-पास दिखाई दिए तो तुम सबकी खैर नहीं। चलो भागो यहां से।

बगी : चलो साथियो, भागो।

(बगी अपनी सेना के साथ उल्टे पांव भागने लगता है। तभी स्पॉटी पुकारता है)

स्पॉटी : अरे रे रे, यह तो बताते जाओ कि कहां जाने का इरादा है?

बगी : **(मुड़कर)** अपने गांव जा रहे हैं।

फ्रॉगी : जाओ-जाओ...बहुत जल्द ही वहां पर भी हमारी आई.पी.एम. की शाखा खुलने वाली है।

(सभी के हंसने की आवाजें आती हैं और नन्हा अजय खुशी से ताली बजाता है)

(समाप्त)

●●●